中国学前教育研究会教师发展专业委员会高中专分委会
Zhongguo Xueqian Jiaoyu Yanjiuhui Jiaoshi Fazhan Zhuanye Weiyuanhui Gaozhongzhuan Fenweihui

推荐教材

U0947813

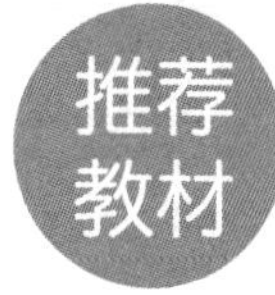

YOUERYUAN
BANJI GUANLI

幼儿园班级管理

主　编　王劲松
主　审　蔡迎旗

北京师范大学出版集团
BEIJING NORMAL UNIVERSITY PUBLISHING GROUP
北京师范大学出版社

图书在版编目(CIP)数据

幼儿园班级管理/王劲松主编.—北京：北京师范大学出版社，2013.6（2021.7重印）
（中国学前教育研究会教师发展专业委员会高中专分委会推荐教材）
ISBN 978-7-303-16262-8

Ⅰ.①幼… Ⅱ.①王… Ⅲ.①幼儿园-班级-学校管理-中等专业学校-教材 Ⅳ.①G617

中国版本图书馆CIP数据核字(2013)第093201号

营销中心电话 010-58802755 58800035
北师大出版社职业教育分社网 http://zjfs.bnup.com
电子信箱 zhijiao@bnupg.com

出版发行：北京师范大学出版社 www.bnupg.com
北京市西城区新街口外大街12-3号
邮政编码：100088
印　　刷：北京溢漾印刷有限公司
经　　销：全国新华书店
开　　本：787mm×1092mm　1/16
印　　张：10
字　　数：200千字
版　　次：2013年6月第1版
印　　次：2021年7月第14次印刷
定　　价：19.80元

策划编辑：姚贵平　　责任编辑：齐　琳
美术编辑：高　霞　　装帧设计：风　尚
责任校对：李　菡　　责任印制：陈　涛

中国学前教育研究会教师发展专业委员会高中专分委会推荐教材

编委会

序言

学前教育是基础教育的奠基阶段，是国民教育体系的重要组成部分，它不仅对个体身心全面健康发展，而且对义务教育质量、国民素质整体提高和社会发展均具有极其重要的奠基性作用。近两年，在党中央、国务院的高度重视下，在《国家中长期教育改革和发展规划纲要(2010—2020年)》(以下简称《教育规划纲要》)、《国务院关于当前发展学前教育的若干意见》(以下简称“国十条”)和各地学前教育三年行动计划等政策的有力推动下，各省(区、市)政府纷纷把学前教育作为本地教育工作和改善民生的重要方面，大力发展学前教育，有力地促进了各地学前教育事业的发展。2010年，是近年我国学前教育发展最快的一年，全国学前三年毛入园率增至56.6%，比2009年(2009年为50.9%)提高了5.7个百分点。

同时，我们需要客观、冷静地看到，由于长期受经济、社会、文化、传统和教育等多方面因素的制约，目前我国学前教育在不少地区是低水平的普及，学前教师队伍整体素质不高，特别是城乡学前教师专业素质水平差距大，不少农村幼儿园教师缺乏基本的专业教育，教育质量较低。

《教育规划纲要》和“国十条”明确指出了我国未来中长期学前教育发展的战略方向是“基本普及学前教育”，到2020年全国要实现基本普及学前教育。这在我国学前教育发展史上是具有里程碑、突破性意义的。但当前，如何更好地全面贯彻落实《教育规划纲要》和“国十条”精神，保障我国学前教育既大普及大发展，同时又是有质量的发展，因而我们的普及是有意义的普及，给我们的孩子提供的教育是真正令人向往的、有价值的教育，这一问题仍然非常艰巨、突出!

我国政府、社会、家长等各方面都对此表示了极大的关注，专家、学者们为此也在认真思考、研究和探索。

无疑，要确保学前教育质量，必须要有高水平的学前教师作为基础和保障。政策和实践研究均表明，世界发达国家都十分重视学前教育阶段教师队伍的建设，在严格实施幼儿园教师资格制度和教师专业标准的同时，努力建构促进幼儿园教师专业发展的有效培养和支持体系，实现幼儿园教师培养的专业化和优质化。比如，美国、日本等国不仅基本实现了幼儿园教师培养的学士化，更值得关注的是，它们都非常注重幼儿园教师培养与培训教学资源的研发与优化，重视通过通识教育提高学生的人文和科学素养，注重通过深化专业课程设置、及时吸纳教育科学研究成果等培养学生对儿童的观察、理解与分析能力，教育教学实践能力及与儿童的有效互动和引导发展能力。

在我国，随着经济社会的快速发展，广大人民群众对学前教育规模和质量的要求越来越高，直接推动着我国学前教师教育的迅速发展。进入21世纪以来，包括幼儿师范学校和中职幼师班在内的中专层次的学前教师教育规模不断扩大，专科层次的初中起点五年制和高中起点三年制学前教师教育也迅速发展起来。迄今，全国已有独立设置的幼儿师范专科学校15所，今后几年数量还会急剧增长。然而，与此形势发展及其需求很不相适应的是，我国学前教师教育的教材建设却相对滞后，与学前教师教育规模、层次的发展速度与趋势很不相称。例如，初中起点五年制高专和高中起点三年制高专的教材还没有形成完善的体系，甚至可以说还是空白，教学中大量借用中专和本科教材；而三年制中专学前教师教育教材体系由于是在20世纪末期形成的，其时代性、先进性和适用性都亟须加强；当前幼儿园教师在职培训、转岗培训、提升培训等的速度和规模迅速扩大，国家级培训已经覆盖全国，但其课程与教材建设却非常滞后，已经严重制约和影响培训的质量和效果。可见，要保障学前师资培养与培训的质量，必须要对学前教师教育的课程与教材体系进行新的系统建设。更为重要的是，去年国家教育部先后颁发了《教师教育课程标准(试行)》、《幼儿园教师专业标准(试行)》，对幼儿园教师的专业素养与能力以及学前教师教育的课程与教学等提出了明确的新要求，而这些新要求也亟须通过建立一套新的、更加完善的课程和教材才能更好地得到贯彻和落实。

适应事业发展形势的迫切需要，为了更好地贯彻落实《教育规划纲要》和“国十条”精神，促进学前教育大普及大发展的同时有质量地发展，有效推动我国学前教育事业的健康、可持续发展，在中国学前教育研究会的有力支持和领导下，教师发展专业委员会高职高专中职中专分委会从成立伊始，即将促进当前教育改革发展背景下我国学前教师教育和教师队伍的质量提升作为自身义不容辞的历史使命和责任，着手策划和研发这套“全国高中专学前教师教育教材”。就当前我国学前教育特别是学前教师教育和教师队伍建设中的关键矛盾、主要问题进行了多次深入研讨；组织多次研讨会对各地各校已有课程改革探索与教材创新进行深度的交流与研讨，并分享进一步改革的思考与建议。在策划和研发过程中，我参与了若干次当前现状与需求、编审理念与重点、系列及其册本的设计、各册本主审专家的遴选等工作，深感这是我国学前教育事业发展和教师队伍建设中的一件大事，责任重大，任务艰巨。现经过全国上下学前各领域多方面专家学者、历时三年的努力工作后，这套教材终于要出版了，值得祝贺！

就总体而言，这套教材及其编写过程具有如下三个主要特点：

一是设计全面，体系比较完整。即其分别对五年制高专、三年制高专、三年制中专和培训四个系列(除政治科目以外)的所有科目教材进行了全面系统的成套建设。在编写各科目册本的具体内容之前，系统研制了各系列人才培养方案和各门课程的教学大纲，以此作为纲领，使各系列在人才培养目标与课程设置、课时安排、教学内容选取、教学考核要求等方面形成一个比较完整的体系。

二是内容、体例力求创新。从《教师教育课程标准(试行)》和《幼儿园教师专业标准(试行)》等文件征求意见稿开始，全体编写人员即对这些政策文件进行了多轮的认真研读，努力使教材编写体现新文件对幼儿园教师应秉持的基本理念、应具有的专业理念与师德、专业知识和专业能力等提出的新要求。同时，所编各科教材都力图反映本学科领域的最新研究与实践改革成果。特别是本套教材不局限于传统的“三学六法”，在此基础上新增了幼儿学习与发展、幼儿发展观察与评价、幼儿园教育环境创设等深化、创新和拓展性的教材。在体例上，这套教材也有诸多的创新之处，如各科目以章节为单元，在学习目标与要求、理论学习与实践以及课后阅读、思考与练习等方面进行完整设计，使学生的学习既具有阶段递进性又具有相对完整性。此外，还安排了大量的案例以增强课程和教学的实践取向和学生的实践性体验。

三是组织过程比较严谨规范。在编写程序上，从研制人才培养方案和各学科册本的计划，到各册本确定编写大纲、体例和样章，再到形成初稿、进行统稿和最后审稿等，每一个步骤均经过了起草、征求意见、论证修改等多个环节的不断反复。编、审队伍的遴选组织坚持了高标准严要求，编写者均是全国高中专学前教师教育骨干院校中有水平、有影响、有经验的教师，审稿专家均为全国有影响的本科院校和国家研究院所中本领域的知名专家教授。此外，所选择的出版单位也是全国有影响力、专业性强的出版社。这些严格的要求与复杂的操作过程，均为了实现一个目标——共同建设一套适应我国新时期学前教育发展需要的、具有较高质量的学前教师教育课程和教学资源体系。

总之，这套教材的编写与出版恰逢其时，相信将有利于促进我国学前教师教育工作的开展和质量的提高，并将有力促进我国学前教育事业高质量地、健康地、可持续地发展。同时，也希望通过这套教材的广泛使用进一步集结和吸纳更多高校一线教师的智慧与经验，使这套教材得到不断的发展和完善，从而不断推动我国学前教师教育教材的建设发展，并且积极服务和促进我国学前教育事业的发展。

庞丽娟
于北京师范大学新主楼

目 录

第一章　幼儿园班级管理概述

学习目标

- 了解幼儿园班级管理的含义、内容。
- 掌握幼儿园班级管理的原则和方法。
- 了解幼儿园班级管理的要素。
- 掌握幼儿园班级管理的过程。

关键问题

1. 幼儿园班级管理的内容有哪些？
2. 幼儿园班级管理要遵循哪些原则？使用哪些方法？
3. 人是管理的核心，班级管理如何调动"人"的积极性？
4. 幼儿园班级管理工作分为几个过程，怎样实施？

案例 1-1

幼儿园里，老师正组织孩子们喝水。中二班在王老师的指挥下，一组孩子按照粘贴在地面和墙面上的标记的引导，正在有序地排队接水并离开；另外几组幼儿则坐在椅子上等待，秩序井然。而张老师带的中一班，只见很多孩子拥挤在饮水机前，后面的孩子往前挤，前面接到水的孩子出不来。张老师在旁边大声吼叫，一个个地把孩子拉开。

评析：为什么两个班会有这样大的差别？一句话，和老师的管理有关。管理是一个组织正常运转，并最终完成组织任务的根本条件。缺乏管理的组织只不过是一盘散沙，有效的管理是提高工作绩效最主要的手段。

第一节　幼儿园班级和幼儿园班级管理

一、幼儿园班级

班级是幼儿园最基层的教育单位，也是幼儿园进行保教活动的基本单位。在我国的幼儿教育实践中，一般以年龄作为划分幼儿园班级的主要依据。根据幼儿的年龄，划分大、中、小三个年龄班。此外，由于经济条件制约，有些地区幼儿只能接受一年或两年的学前教育。还有一些地区受人口分布等因素的制约，只能采用混合班形式的学前教育。

班级环境对幼儿的教育影响极大，因此，班级的管理工作是幼儿园工作不可忽视的一个方面。

二、幼儿园班级管理

(一)幼儿园管理的含义

幼儿园管理是幼儿园管理人员和相关幼教行政人员遵照一定的教育方针和保教工作的客观规律，采用科学的工作方式和管理手段，将人、财、物等因素合理组织起来，调动各方面的积极性，优质高效地实现国家规定的培养目标和幼儿园工作任务所进行的各种一般职能活动。①

(二)幼儿园班级管理的含义

幼儿园班级管理是指班级教师通过计划、组织、实施、调整等环节，把幼儿园的人、财、物、时间、空间、信息等资源充分运用起来，以便达到预定的目的。

这一概念，包含了几层意思：①班级管理是由人去实施的，即管理的主体是人；可以是一个人，也可以是一群人。②班级管理是通过计划、组织、实施、调整等环节来实施的。③班级管理的对象和要素是幼儿园的人、财、物、时间、空间等。不同的管理活动，其对象不同，可以是人或人和其他因素的综合。④班级管理是有目标的活动，管理的最终目的是实现管理目标。②

班级是幼儿园的细胞，是最基层的组织机构，班级管理是搞好幼儿园管理的基础工程，是提高保教质量、办好幼儿园的基本保证，教师一定要重视班级管理。

(三)幼儿园班级管理的内容

幼儿园班级管理的内容主要包括生活管理和教育管理，涉及班级安全健康管理、班级环境创设与管理、幼儿行为管理、班级人际关系管理、家长工作管理等内容；除此之外，幼儿园班级管理还包括班级间交流管理、幼儿社区活动管理等几方面，但教师所有的管理工作都服务于幼儿的生活管理和教育管理，围绕着这两个核心来开展。

1. 生活管理

生活管理是开展好幼儿园班级保教工作的前提和基础，是幼儿保育工作的重要内容。班级生活管理是保教人员围绕幼儿在园内的起居、饮食等生活方面的需要而从事的管理工作，从而保障幼儿身体正常发育，心理健康成长。

班级生活管理，可以满足幼儿在园生活的物质需要，保障对幼儿的食品供给、休

---

① 张燕：《幼儿园管理》，第25页，北京，北京师范大学出版社，1997

② 唐淑、虞永平：《幼儿园班级管理》，第28页，北京，北京师范大学出版社，1997

息、活动场地的提供、生活设施用品服务等物质条件，为幼儿提供良好的物质生长环境，保证幼儿均衡营养、睡眠良好、安全、卫生等。另外，在班级生活管理中，培养幼儿掌握一定的生活技能、独立生活能力，使其养成良好的生活卫生行为习惯。总之，幼儿园专业化的教育和管理与家庭形成合力，最终促进幼儿良好发展。

具体来讲，幼儿班级生活管理的内容如下。

(1)学期初的工作

①填写班级幼儿名册，填写幼儿家庭情况登记表，明确家园联系方法。

②家访并调查幼儿家庭教养情况，初步了解幼儿的生活习惯，做好记录。

③安排幼儿个人用的床、衣柜、毛巾架、水杯格，写上姓名并做好便于幼儿识别的标记。

④初步布置活动室环境，安排室内家什，准备活动设施等。

⑤观察幼儿一日生活的言行举止，并记录分析。

⑥依据对幼儿一日生活表现的观察分析与家访调查，制订班级幼儿生活管理计划与措施。

(2)学期(学年)中的工作

①每日班级保教人员根据幼儿一日生活程序履行生活管理的职责。

②每日做好幼儿上、下午来园和离园的交接记录。

③每日保管好幼儿的生活用品。

④每日做好班内外幼儿活动场地的清洁工作和各项设备的安全检查。

⑤每周对活动玩具进行消毒，更换生活用品。

⑥每周检查班级幼儿生活管理计划的实施情况。

⑦每周初，班级教师碰头，总结上周经验，调整本周幼儿生活管理的工作内容与措施，分工负责。

⑧观察幼儿的生活行为，记录好其表现。

⑨对幼儿计划免疫、疾病、传染病情况进行登记。

⑩体弱幼儿的生活护理。

(3)学期(学年)末的工作

①汇总平日幼儿生活表现的观察记录，做好对幼儿生活情况的小结。

②总结班级幼儿生活管理工作，找出成绩与问题。

③向家长发放幼儿在园生活情况小结，指导家长对幼儿假期生活进行管理。

④整理室内外环境，对集体用品、材料进行清点登记。

2. 教育管理

班级保教人员在班主任教师带领下对班级幼儿进行规划设计，对教育过程进行精心设计组织，对教育结果进行细致评估，这一系列的工作被称为幼儿班级教育管理。它对明确幼儿教育目标，优化幼儿教育方法，保证教育效果起着重要作用。

幼儿园班级教育管理是班级保教人员最经常和最基本的管理工作，又是幼儿园各项管理工作的中心部分，是幼儿园管理水平的反映和幼儿园办园质量的体现。

具体来讲，幼儿班级教育管理的内容如下。

(1)开学初的班级教育管理工作

①结合家访和对幼儿的观察分析，完成对班级幼儿发展水平的初步评估，并作好分析记录。

②根据幼儿的情况及班级条件，制订详细的幼儿教育计划。该计划应包括阶段性的班级教育教学目标及完成进度的日程安排，还要考虑特殊情况的处理方法，如体弱儿的保育工作、针对班级教学中的问题如何开展教学研究活动等。

③根据教育教学计划，征集或领取幼儿的绘画、手工材料、卡片、游戏工具等；预先设计好幼儿作品的存放处和幼儿教育档案，布置好班级教育教学的环境。

④班级保教人员共同制定各项教学活动的组织形式及常规，建立班级教育活动的运转机制。带领幼儿熟悉环境，认识工作人员，了解基本的班级情况及管理常规，初步建立师生友好、协调的关系。

(2)学期中的常规班级教育管理工作

①每日事务。根据教育教学计划，准备好当日教育教学所需的材料，掌握好材料的分配情况；做好前一阶段知识的复习，保证教育教学的连贯性。具体实施当日的教育教学方案，严格按照计划和规则进行教育教学活动，并关注幼儿在教育教学中的“生成行为”；作好教学效果的记录，做好个别幼儿的辅导工作，记录幼儿的反应，整理教学现场、清点公物，完成教育教学任务。

②每周工作。根据年级教研组的备课计划，提前制订每周活动安排及每日教学计划，制订班级每日教育活动方案。提前做好教具、学具材料的收集与制作，写教育笔记，记录幼儿一周的学习表现。每周末整理幼儿的学习用品，做好归类归档工作。

③每月工作。月初制定好当月教育目标、教学活动进度。召开班级教师会议，研究班级教育工作的具体内容和措施，协调分工与配合，做好个别儿童教育的计划。月末整理各种教育材料与资料，根据教育内容适当调整活动室安排，布置更新环境。

(3)期末工作

①整理教育活动方案、教育笔记和幼儿作品档案。

②做好幼儿全学期的评估工作，写好幼儿发展情况及表现的小结。

③完成教师自身工作的评估，总结个人教育目标的实现、教育方法的运用情况。

④教育活动剩余材料的清点与登记。

3. 其他管理

幼儿园班级管理除了着重开展生活管理和教育管理之外，还包括班级间交流管理、幼儿社区活动管理等几方面。

班级交流活动是幼儿园内班级之间进行的各种活动，如园内体育大课间活动的相互配合、节假日庆祝活动等。班级就是一个小社会，做好班级间交流的管理工作，就是引导幼儿学习如何进入社会角色、处理简单的社会问题、进行相对复杂的人际交流。对班级间交流活动的管理，就是对幼儿社会性的初步培养。具体来讲，班级间事务管理的内容主要有：选择班级与班级交流的主题；联系相关班级共同策划活动方式；做好本班幼儿心理准备、体能准备、经验准备；指导幼儿懂得参与活动的规则和纪律；在活动中密切注意幼儿与小朋友的交往表现，及时解决突发事件；协调与其他班级保教人员的工作关系，明确自己的责任；活动结束做好总结，强化活动效果。

对幼儿的教育是由家庭、幼儿园、社区共同完成的，保教人员还要进行班级社区活动管理。幼儿参加班级开展的社区活动，可以加强对共同居住区域的环境、社区结构及其简单职能的了解，对居住地区的地理气候、社会习俗等产生一定的认识，有助于培养幼儿爱家乡、保护环境、遵守公德的品质。幼儿园班级社会活动的管理内容主要有：保教人员准备一些有关本地区的各项情况的资料，选择适合幼儿特点的活动课题(如参观社区服务中心、参观清真寺、收集滇池水等)；根据活动的性质，准备活动所需的各种材料；针对幼儿活动的大量可变性因素，做好安全准备措施，争取幼儿家长的配合并加强联系；在活动中要仔细了解幼儿的需要和能力，随时调整活动的时间、形式和任务，注意活动结束时幼儿的心理和生理状态，做好活动的总结，另外积极配合社区开展相应的活动。

第二节　幼儿园班级管理的原则和方法

原则是指本质、基础，或基本的行动准则、规则，指导思想和基本要求等，管理原则就是指导管理工作的行动准则。进行幼儿园班级管理时必须遵循一定的原则。

一、幼儿园班级管理的原则

幼儿园班级管理原则是对班级进行管理时必须遵循的普遍性行为准则，是幼儿园班级管理实践的总结与概括，反映了班级管理的客观规律，以工作准则的方式出现，对班级工作起指导作用。班级管理原则应全方位地体现在幼儿园班级管理当中，贯穿在班级管理的全过程中，从而使班级工作正常开展并取得成效。这里，重点谈谈教师管理班级幼儿应遵循的最基本的四大原则：主体性原则、整体性原则、参与性原则和高效性原则。

(一)主体性原则

幼儿是学习和游戏活动的主体，教师是班级管理的主体。主体性原则是指教师作为班级管理的主体具有的自主性、创造性和主动性，同时又充分尊重幼儿作为学习者的主体地位。主要蕴含了两方面的含义：其一，教师作为管理者具有自主性、创造性和主动性；其二，幼儿作为学习者具有主体地位。教师是班级管理的主体，要全身心地投入班级管理当中，从本班实际出发，有针对性地提出管理策略和方案，创造性地开展班级管理，提高班级管理的成效，最终促进作为学习和游戏主体的幼儿得到发展。在贯彻运用这一原则时应注意以下几个方面。

1. 教师承担班级管理的职责并享有相应的权利

幼儿教师是班级管理的主体，教师要充分发挥主动性和积极性，创造性地开展班级管理，充分提高班级管理质量。

2. 作为班级管理者的教师应充分了解并把握班级的各种管理要素

作为班级管理者的教师应把握好班级中的人、财、物、时间、信息等各种要素，合理调配，并予以驾驭和协调，提高班级管理的质量。要注意的是，在幼儿园里，这些要素不仅包括了每一个体幼儿，也囊括了家长、环境设施等一切可以为教学和管理服务的资源。

3. 教师应正确理解和处理与作为被管理者的幼儿之间的关系

幼儿教师是班级管理中的管理主体，幼儿是被管理的对象；但并不意味着幼儿就失去了其在管理活动中的主体性，幼儿永远是学习和游戏的主体。教师在进行班级管理时，一定要考虑幼儿的年龄特点和实际需求，要做到“以幼儿为本”，作为班级管理主体的教师要能从自己所在班级的实际出发，尊重班级幼儿的愿望和要求，保证幼儿学习的自主权，提出一系列管理策略和方案，创造性地运用多种理论和方法，协调班内的多种因素。在提高班级管理成效的同时，调动幼儿参与班级活动、服从管理的主观能动性，逐步培养幼儿自我管理的能力，使幼儿作为学习、游戏的主体地位得到保证和确立，使教师作为管理者的主体性与幼儿作为学习和游戏者的主体性相结合。

在幼儿班级管理中，对这一点的控制和把握是十分重要的。现代教育理念倡导以儿童为主体，尊重幼儿的个性，在班级管理中，有时教师会顾虑“管多了是不是会限制幼儿的个性，要不要管理班级”；另一种极端现象则是，教师只意识到自己是幼儿园班级管理的主体，忽视了幼儿的主体性，在管理班级时“一切我说了算”！应该说，对这些问题的解决影响和考验着教师的班级管理能力。

(二)整体性原则

整体性原则是指幼儿园班级管理应是面向全体幼儿并涉及班内所有管理要素的管理。教师的班级管理应该是确保班级各种管理要素都得到充分利用，从而促进班级全体幼儿的共同发展而不是部分幼儿的超常发展，一句话：“一个都不能少！”

1. 教师不仅管理班级整体，也要管理每个幼儿个体

教师应把全班幼儿作为一个系统、一个整体来对待，关注班级中的每个孩子，在此基础上，结合班级实际，从幼儿自身的特点和水平出发进行管理，做到促进全班幼儿全面和谐发展。要避免在班级管理中抓两头，忘中间的现象，过分偏爱优秀的幼儿，或者一味地关注问题小朋友，而忽视掉默默无闻的孩子的现象。

2. 教师要充分利用班集体的熏陶作用和约束作用开展班级管理

班集体是幼儿学习生活的基本单位，它对学生的影响是多方面而且是极为深刻的。

苏联著名教育家苏霍姆林斯基认为集体能培养“良心约束”能力，使每个人能用别人的眼光看自己，从而理解什么是可以做的，什么是不可以做的，以及什么是必须做的，这种通过集体来培养学生自律能力和责任心就是班集体这个教育主体产生的“巨大的教育力量”。良好的班集体，形成了良好的班风，作为一种影响源自发地对幼儿产生作用，使班级管理呈现出自觉性、自律性。

3. 班级管理不只是人的管理，还涉及物、时间、空间等要素的管理

班级管理工作是全方位的，涉及人、财、物、时间、信息等方面，它们之间相互联系、相互制约。要贯彻整体性原则，必须平等地对待所有幼儿，让每个幼儿在人、财、物、时间、信息等方面享有平等的权利。例如，在设计教育活动时，要考虑不同层次幼儿的发展，不仅仅只注重集体活动，更要考虑分组活动、个别活动；不能只考虑中等水平幼儿能达到的目标，更要考虑高等水平和低等水平幼儿能达到的目标，应针对不同水平的幼儿提出不同层次的目标要求；在协调配置班级中的各种资源时，要科学、合理。

案例 1-2

“宝宝成长”是幼儿园班级环境布置的一个专栏，张贴在走廊里，每周展示一次，评价的内容涉及幼儿的方方面面。班级教师对孩子一周的表现作了详细的记录，如有的孩子本周当上了“小值日生”；有的吃饭进步大，吃得又快又好等。教师将记录的情况张贴在走廊上，便于孩子之间相互观摩和家长及时了解孩子的最近发展情况。

评析：教师通过设立这样一个专栏，以幼儿为主体，关注每一个幼儿，促进幼儿相互学习，相互评价，起到强化作用。同时教师也合理地利用了班级的人、物质、时空等资源，促进幼儿自身、幼儿与教师以及与家长的互动，体现了班级管理的主体性和整体性原则。

(三)参与性原则

参与性原则指教师在管理过程中不以管理者身份高高在上，而以多种形式参与到幼儿的活动之中，在活动中民主、平等地对待幼儿，与幼儿共同开展有益的活动。贯彻参与性原则要注意以下几点。

1. 教师参与活动应注意角色的不断变换，以适应幼儿活动的需要

幼儿的学习以游戏为主，教师作为教学双主体之一对幼儿的引导更多体现为游戏形式，如扮演角色、创设游戏情境等，符合幼儿的年龄特点，能大大激发幼儿的学习兴趣。有时，教师是教育者、传授者；有时，教师是幼儿的伙伴，合作者；有时，教师又是“导游”“记者”“医生”“售货员”“警察”等。因此，教师要善于通过自身角色的不断变换，让幼儿在与教师的交往中感到自己是独立的主体，又是教师的朋友，并在与教师的相互交流、相互活动中，主动地参与学习活动以取得良好的教学效果。

案例 1-3

幼儿园大班小朋友在做娃娃家游戏，一个男孩(爸爸)独自在“家”用橡皮泥搓长条，娃娃放在一边的小床上，门关着。教师敲门后问：“有人在家吗?”小男孩：“什么人?”(并未放下橡皮泥)教师：“我是你隔壁的邻居，兰兰妈妈。”小男孩：“噢，你有什么事?我正忙呢。”教师：“我想向你家借一个水桶，你忙什么呢?”小男孩：“马上有人要来装有线电视，我要赶紧把电线修好接上。”教师：“噢，那不着急，我下午再来借，打扰了。”(未进娃娃家门，转身走开。稍后，见小男孩已将电线装好，再前去借水桶，并欣赏电视)教师：“有线电视的节目真多，比原来更好看了。”小男孩：“你们家也去装一个吧！要我帮你们接电线吗?”

评析： 在活动中，教师通过扮演“邻居”的角色对幼儿展开指导，没有生硬地打断幼儿充满兴趣的活动，体现了班级管理的参与性原则。

2. 在某种场合教师参与活动要根据幼儿的需要，取得幼儿的许可

并不是幼儿所有活动，教师都有必要参与，同时，教师参与幼儿活动时要尊重幼儿的意愿，应征求幼儿的意见，经过同意以后方能参与。

3. 教师参与活动的指导和管理要适度

教师参与活动，是要推动活动和幼儿的发展，但有些时候，教师的参与可能反而会产生负面作用，使幼儿感到压抑、不自由，不乐意活动。因此，在班级管理中贯彻参与性原则要适度。

案例 1-4

老师在儿童进行角色游戏时不停地说：“你是‘厨师’吗？你是‘服务员’！怎么跑‘厨房’了，你‘厨师’怎么当的，让其他人也进‘厨房’，这样多不卫生！”教师将“服务员”拉出“厨房”，去招待“顾客”。

评析： 这个活动中教师的指导，方法简单粗暴，不尊重幼儿主体，容易引起幼儿的反感，同时干涉了幼儿角色游戏的正常开展。

(四)高效性原则

幼儿园班级管理中的高效性原则指以最少的人力、物力和时间，尽可能地使幼儿获得更多、更全面、更好的发展。如何使班级中有限的人、财、物、时间、信息发挥最大的功效，提高班级管理的效益，是作为班级管理者的教师必须考虑的。教师的班级管理活动是否能营造适宜的环境、创造有利的条件、选用恰当的方法和手段，是在尽可能节约时间、精力和经费支出的同时，取得在可能范围内的最大效果关键。贯彻高效性原则要注意以下问题。

1. 班级管理目标的确定要合理，计划的制订要科学

班级管理的目标要定得恰当，计划的制订要科学，要充分考虑到幼儿的身心发展特点，否则可能出现不必要的人力、物力等资源的浪费。

班级管理的目标过高，幼儿完不成，实际上就失去了制定目标的意义；目标过低，孩子没有得到发展，只是简单重复自己已有的发展。两者都是对管理资源的浪费，要注意避免。

2. 班级管理计划的实施要严格和灵活

科学规范的制订和实施班级管理计划，是提高班级管理质量的有效手段。但幼儿园班级管理的对象是幼儿，这一群体活动多变、不稳定、突发状况多，需要管理者灵活多变、适时调整管理的计划与方法，及时解决出现的新问题。计划的“预成性”要与“生产性”相结合，避免教条主义、形式主义，才能真正实现高效管理。

3. 班级管理方法要适宜，管理过程中重视检查反馈

教师要加强学习，不断学习先进的管理理论和方法，提高自身的管理能力，加强班级管理实践，及时总结经验教训。从本班级的实际出发，积极探索最适宜的管理方法，重视结果反馈，不断进步，实现有效管理。

案例 1-5

幼儿园开展冬运会团体操表演赛，要求各班自行统一服装。比赛结束后，小一班的家长意见很大，向班主任杨老师反映：“比赛被扣了服装分！小一班的服装难看又贵，花的钱不值得！别的班买的服装就很漂亮，还便宜；别的班是邀请家长代表和老师一块儿去买的，小一班就老师自己决定。”杨老师委屈得掉眼泪，觉得自己很辛苦，家长却不理解。

评析：班级教师在管理中要考虑提高班级管理的效益，使班级中有限的人、财、物、时间、信息发挥最大的功效，在尽可能节约时间、精力和经费支出的同时，取得在可能范围内的最大效果。杨老师很辛苦，但要听取家长的意见，改进工作。

班级管理的四个原则，紧密联系，不可分割。幼儿园教师要在班级管理实践中认真贯彻，不断提高班级管理水平，促进幼儿健康成长。

二、幼儿园班级管理的方法

要使幼儿园班级管理卓有成效，保教人员必须掌握一定的方法和策略，科学的班级管理方法是每个保教人员基本的工作技能。这里，重点谈谈教师管理班级幼儿的常见方法，主要有规则引导法、情感沟通法、互动指导法、榜样激励法、目标指引法。

(一)规则引导法

幼儿进入幼儿园，进入集体生活状态，在集体中必须遵守一定的规则，才能保证集体成员的安全、秩序和活动质量。没有规矩，不成方圆，规则是一种约束幼儿行为的准则，遵守规则的过程就是幼儿行为规范化的过程。规则引导法是指用规则引导幼儿行为，使其与集体活动的方向和要求保持一致或确保幼儿自身安全并不危及他人的一种管理方法。幼儿班级中的规则主要是指幼儿与幼儿、幼儿与保教人员、幼儿与环境、幼儿与材料之间的互动的关系准则。在班级中，幼儿必须遵守这些活动规则，活动才能保证安全、有序并取得预期的效果。使用规则引导法要注意以下几点。

1. 规则的内容要恰当、明确，且简单易行

幼儿教师在确定班级规则的时候，首先要考虑规则的必要性。教师要经常问自己，有没有必要制定这个规则？规则是不是太多了？不必要的规则意味着不合理，不需要制定；规则过多会造成幼儿无所适从或无法落实，因此制定班级规则要适当，突出必要性。其次规则的制定要符合幼儿年龄特点，幼儿年龄小，生活经验少，行为约束力差，规则不能太多并超出幼儿现有的能力和水平；教师在提出规则时，要符合幼儿的理解水平，一旦超过这个水平，将不能达到很好的效果。最后注重规则的参与性，规则的制定不能是教师一个人包办代替、强制执行，应该和更多的同事商量，让家长参与，甚至鼓励中、大班的幼儿积极参与制定规则，这样，大家才会积极认真地执行规则。

2. 让幼儿在活动实践中掌握规则

规则要给幼儿实践的机会，让他们在实践中理解规则的重要性。规则确定以后，不是向幼儿宣告公示后就算执行了，而要针对幼儿的年龄特点，结合实践活动，在具体的情境中落实规则。有必要的话，教师还要作出示范。这样，幼儿才能真正明白规则的具体要求，并落到实处。在这个过程中，如果有些规则出现问题，教师还要和幼儿一起商讨、调整、修正规则，使规则更科学，真正成为幼儿的行为指南。

3. 强调规则的一贯性

规则制定以后，只有照章行事，才能使规则真正成为幼儿行为的准绳。朝令夕改、三天打鱼两天晒网、规则对人不对事等，都会使人对规则的严肃性产生怀疑，最终难以产生预期的效果。因此，教师要保持规则的一贯性，执行同一规则不能前后有变化。如果在某些情况下，确实要作出一些变化，一定要向幼儿说明原因。同时，规则要具有持续性，不要老是变化，否则也不利于幼儿的理解和遵守。

(二)情感沟通法

情感是人与人之间的一种重要的沟通途径，有了情感的共鸣，教师的管理工作往往事半功倍。情感沟通法指通过激发和利用师生间或幼儿间以及幼儿对环境的情感，以引发或影响幼儿行为的方法。情感沟通法的基础是教师对幼儿的尊重、理解和爱，

情感沟通法可以辐射到幼儿的全部生活、教育、游戏活动中去，既加强了对幼儿的管理，又促进了幼儿情感的发展。实施情感沟通法要注意以下几点。

1. 情感沟通法建立在教师观察、了解幼儿情感的基础上

幼儿的情感伴随幼儿身心活动的全过程，教师在日常生活和教育活动中，要观察幼儿的情感表现，了解不同幼儿的情绪表达方式和情感需求。幼儿与教师相处的时间非常多，幼儿与教师的交流也很多，在这些过程中师幼更容易建立起感情。幼儿情感较外露，易受暗示和感染，教师很容易把握幼儿的情感特点，从幼儿情感着手，采用恰当的方式，激发幼儿相应的情感，从而对幼儿的行为加以影响和引导，以达到管理的目的。

2. 经常对幼儿开展移情训练

移情是幼儿亲社会行为的一个重要方面，移情能力是情绪智力的重要成分，是影响个体社会关系和社会交往行为的重要因素。美国心理学家霍夫曼认为："移情是儿童亲社会行为产生、形成、发展的重要驱动力。"教师应结合幼儿移情能力的发展特点，有意识地培养幼儿的移情能力。让孩子从小学会关爱他人，使幼儿善于体察他人的情绪、理解他人的情感，从小养成站在他人的立场、角度理解他人情感的习惯，形成善良、慷慨、怜悯和乐于助人等优秀品质，形成帮助、分享和同情等亲社会行为，学会相互理解、欣赏，具备良好的交流能力，更好地理解他人的做法，从而避免很多的矛盾，这将对他长大成人之后的社会交往产生积极的影响。

3. 教师要保持和蔼可亲的个人形象

情感沟通法的基础是教师发自内心地对幼儿的尊重、理解和爱，只有在幼儿心中真正可亲可爱的教师，才能对幼儿产生影响力。而只有当幼儿信任教师时，才会真正服从教师的管理。因此，教师的形象至关重要，冷漠、虚伪的情感都得不到幼儿的认可。因此，教师要保持和蔼可亲的个人形象，言行举止要表达自己真切的情感，同时关注幼儿，关心幼儿，为幼儿创造愉快积极的活动氛围。

(三)互动指导法

互动指导法指幼儿园教师、同伴、环境等相互作用的方法。班级活动的本质是由幼儿参与的，同指向的对象发生相互作用的活动，即班级活动过程就是由幼儿不同对象互动的过程。教师是班级管理的主体，教师管理的对象是幼儿；幼儿是活动和游戏的主体，教师在管理中必须以幼儿为本；毋庸置疑，在班级管理过程中，需要二者产生积极互动，互动指导法是师生相互作用、相互影响有机结合的指导方法。运用互动指导法要注意以下几点。

1. 适当地对幼儿进行互动指导

教师给予幼儿过多的指导，会压抑幼儿，剥夺幼儿自我发展的机会和权利；但指导过少，也会错失良机，影响幼儿的发展。因此，教师要根据幼儿的发展水平、个性

特点和活动的性质与情境来确定对幼儿的互动指导，在幼儿需要的时候给予指导，当需要幼儿探索的时候则让其自主地去探索。幼儿如果从事的是熟悉的、力所能及的活动，教师不必过多指导；反之，则有必要进行适当的指导。

2. 适时地对幼儿进行互动指导

教师要把握好对幼儿进行指导的时机，明确对幼儿的指导是事先指导，还是事后指导。一些事关安全的行为和原则性行为最好采用事先指导。

3. 适度地对幼儿进行互动指导

教师对幼儿的指导还要适度，要在尺度上进行把握。有些老师过于细心，生怕孩子不会，指导过细，但同时也抹杀了幼儿的主动探索和创造能力的发展；反过来，有些老师粗枝大叶，指导过于宽泛，显然也是不合适的。

案例 1-6

在一次小班桌面游戏活动时，“哗”的一声，蓉蓉把整筐雪花片都撒到地板上了，紧接着，对面的明明模仿着，也把一筐雪花片撒在了地板上。其他小朋友纷纷跑去告诉张老师：“蓉蓉他们做坏事了!”张老师没有生气，温和地说：“乱撒雪花片真的这么好玩吗?”孩子们不出声。“那你们还想再撒一下吗?”看着张老师平静温和的神情，蓉蓉说：“我还想。”于是张老师点点头说：“那你们再撒吧!”一下子教室里像开了锅，孩子们玩得不亦乐乎。几分钟后，张老师镇定地说：“我们现在该捡雪花片了，我陪你们一起捡。”于是捡雪花片的工作开始了，蹲着、趴着、跪着，还要钻到桌子下面捡，末了，有孩子情不自禁地说：“终于捡完了，好累哦!”张老师趁机问道：“下次你们还扔玩具吗?”孩子们都说：“不扔了，扔玩具好玩，但是捡玩具好累。”

评析：在这个案例中，面对孩子的调皮，老师并没有生气，而是保持了理性和克制。作为教师，要意识到孩子毕竟是孩子，尊重他们的年龄特点，积极地进行引导。不乱扔玩具并不是一句空话，要让孩子们切身体会后变成可以真正乐意接受并自觉养成的习惯，与其一遍遍地说教，不如让道理行动化，让规则生活化。这个案例体现了班级管理的规则引导法、情感沟通法和互动指导法。

(四)榜样激励法

人们常说，榜样的力量是无穷的。榜样激励法指通过树立榜样并引导幼儿学习榜样以规范幼儿行为，从而达成管理目的的方法。爱模仿是幼儿的天性，教师在班级管理中利用健康的具体形象和成功的行为做示范，可以引导和规范幼儿的行为。使用榜样激励法注意以下几点。

1. 榜样的选择要健康、形象、具体

榜样就是幼儿要学习的具体对象，幼儿年龄小，可塑性强，榜样应该是健康、具体、典型的形象，可以是幼儿熟悉的故事中的动物和人物、英雄人物和公众人物，还可以是身边的小伙伴等，而且这些榜样的行为应该是幼儿比较容易接受的，是幼儿经过努力可以达到的。

2. 班级集体中榜样的树立要公正、有权威性

班集体中树立的榜样应该是班级幼儿共同认可的，是大家都赞许的；如果榜样是本班幼儿，教师要一视同仁，给所有表现优异的幼儿以机会；另外，不必苛求完美，榜样不必尽善尽美，可以只是某一行为表现好。当然，榜样可以由教师提议树立，更要鼓励幼儿自己去发现榜样。榜样树立以后，要引导幼儿感知、学习、模仿。

3. 及时对幼儿表现的榜样行为作出反应

当幼儿学习榜样行为的时候，教师要给予即时的指导，做得好的要表扬，做得不好的要及时指正，从而强化榜样的影响力，提高幼儿学习榜样的积极性。

(五)目标指引法

目标指引法是指教师以行为结果作为目标，引导幼儿的行为方向，规范幼儿行为方式的一种管理方法。目标指引法的核心是要提出幼儿可达到的目标，让幼儿根据目标作出相应的行为，用具体的行为去达成目标，并去识别这种行为的正误。使用这个方法要注意以下几点。

1. 目标要明确具体

幼儿的认识发展水平处于初级阶段，不能理解过于复杂和抽象的目标。因此教师提出的目标要具体、明确、直接，具有可操作性和吸引力，最好师生共同讨论制定目标，使目标转化为幼儿心中具体的形象。

2. 目标要切实可行，要具有吸引力

目标要恰当，太简单，孩子容易失去兴趣；也不能太难，应该是孩子经过适当努力可以完成的。另外，幼儿容易对新奇的事情感兴趣，因此目标越有趣，幼儿去实践的可能性越大，越能达到要求。

3. 目标与行为的联系要清晰可见

目标指引着行为，行为影响着目标的完成。在幼儿活动中，教师要引导幼儿思考讨论为了完成相应的目标，应该实施什么样的行为；要引导幼儿注意时时朝向目标纠正自己的行为。这样就有利于幼儿去判断什么样的行为是正确的，什么样的行为是错误的，需要怎样去改正。

4. 注意将个人目标和团体目标相结合

幼儿园的很多活动都是需要团体合作完成的，这时教师提出的目标要有利于团体活动的进行，不能为了达成个人目标而影响团体目标，这样才能更好地进行管理。

案例 1-7

琪琪很顽皮，一刻也坐不住，王老师想了好多办法，无论是讲道理还是批评，她都只当是“耳旁风”，嘴上说知道了，但没一会儿又忘记了。这不，其他孩子都去准备洗手吃午饭了，可她还是自顾自。王老师一想，说：“琪琪，我交给你一个艰巨的任务好不好？你在这儿监督小朋友洗手。”“我会提醒他们要洗干净！”老师还没说完，她就兴奋地说。“好的！太棒了！”“你就在这里提醒小朋友们，琪琪真像个大姐姐！”就这样，从第一个到最后一个洗手的孩子，琪琪都在“严格地督促”他们，一刻也没有离开，像变了个孩子似的，不再到处乱跑。

评析：在这里，教师深刻把握了孩子的心理特征，巧用目标指引法，使孩子有了明显的变化，也使班级工作更为有序。

第三节　幼儿园班级管理的要素

幼儿园班级是对 3～6 岁(或 7 岁)的幼儿进行保教活动的基本组织单位，与中、小学班级不同，这是由受教育者的年龄特点和这个阶段的教育任务决定的。幼儿园班级管理也涉及人、财、物、事、时间、信息等要素。保教人员就是要科学地使用和利用各种资源，充分体现人尽其才、物尽其用的原则。首先对本班的资源情况要心中有数；其次在利用这些资源时，要时刻以科学、合理的标准来衡量。

一、幼儿园班级管理中的教师、保育员

我国的《幼儿园工作规程》和《幼儿园管理条例》指出，教师和保育员是幼儿园班级管理的主要承担者，他们肩负着对幼儿进行教育和保育的双重任务，因而对幼儿的健康发展起着核心的作用。整个幼儿园的工作都是通过各个班级的工作来实现的。因此，作为班级工作的承担者，保教人员在完成幼儿园各项保教任务中起着关键的作用。保教人员的数量、素质等直接影响着幼儿园保教目标的达成度。

现在幼儿园普遍采用的分工形式有两种：一种形式是“两教一保”，即两名教师，一名保育员；另一种形式是三名教师，轮班承担教育和保育工作。班级保教工作由三名保教人员分工合作共同完成，无论是主班还是配班，无论是教师还是保育员，都是三个人分工合作，做到保中有教，教中有保，保教结合，共同担负起促进幼儿发展的教养任务。

10 多年来，幼儿园保教人员在结构上发生了一些变化。目前，保教人员已呈现年轻化、专业化的趋势。从年龄上看，40 岁以下的幼儿教师成为教师队伍的主体，有些地方 40 岁以下的教师已占 90%以上。从性别上看，幼儿教师基本为女性，近年来已逐步出现了少量的男性教师。从人数上看，根据有关幼儿园人员配备的法规和政策，专职教师，全日制幼儿园和寄宿制幼儿园平均每班配备 2～2.5 人；保育员，全日制幼儿

园平均每班配 0.8～1 人，寄宿制幼儿园平均每班配 2～2.2 人、有关混合班、特殊班则大都根据具体条件确定保育员数量。从现实情况看，在教师配备方面存在明显的城乡差异，这与农村的经济发展水平有关。不少农村幼儿园只有“一教一保”或“二保”，有的甚至只有一位教师。

从职责方面看，幼儿教师要对本班幼儿的保育和教育工作全面负责。其主要职责在《幼儿园工作规程》第三十七条中已有明确规定：

第一，观察了解幼儿，依据国家规定的幼儿园课程标准，结合本班幼儿的具体情况，制订和执行教育工作计划，完成教育任务。

第二，严格执行幼儿园安全、卫生保健制度，指导并配合保育员管理本班幼儿生活和做好卫生保健工作。

第三，与家长保持经常联系，了解幼儿家庭的教育环境，商讨符合幼儿特点的教育措施，共同配合完成教育任务。

第四，参加业务学习和幼儿教育研究活动。

第五，定期向园长汇报，接受其检查和指导。

保育员除了做好卫生和幼儿生活管理工作外，还要配合教师做好幼儿的教育工作，其主要职责在《幼儿园工作规程》第三十八条中有明确的规定：

第一，负责本班房舍、设备、环境的清洁卫生工作。

第二，在教师指导下，管理幼儿生活，并配合本班教师组织教育活动。

第三，在医务人员和本班教师指导下，严格执行幼儿园安全、卫生保健制度。

第四，妥善保管幼儿衣物和本班的设备、用具。

从基本素质结构看，《幼儿园工作规程》同样提出了明确的要求：第一，保教人员应拥护党的基本路线，热爱幼儿教育事业、爱护幼儿，努力学习专业知识和技能，提高文化和专业水平，品德良好、为人师表，忠于职责，身体健康。第二，教师应由通过系统的专业学习，取得幼儿园教师资格证书者担任，此外还应有一定的组织管理能力和实际工作经验。保育员应具有初中毕业以上学历，并受过幼儿保育职业培训，同时也要求获得省级以上职业鉴定部门颁发的保育员等级证书。

为保证班级管理工作的顺利开展，使班级各项工作有组织、有计划地进行，每班在园长指导下，或通过竞聘，或通过协商，确定一位班级主要负责人，简称主班、班主任或班长。其主要职责为：

第一，协调本班幼儿教育、安全、卫生保健、财务保管等工作，保证全班工作的一致性，主持班务会，研究改进本班工作。

第二，及时传达和贯彻园领导的决定，向园领导汇报本班的工作。

第三，负责安排本班教师相互观摩，取长补短，研究全班每个幼儿的情况，针对每个幼儿的特点，采取协调的教育措施。

第四，帮助本班保育员改进教育、配合工作和卫生保健工作。

二、幼儿园班级管理中的幼儿

幼儿是幼儿园教育的对象，是班级的主体。我国的法规、政策对幼儿、幼儿班级等有一些明确的规定。

(一)幼儿分班

幼儿是按照年龄分班的。一般是按照 3～4 岁、4～5 岁、5～6 岁(或 7 岁)三种方式划分，分别组成幼儿园小、中、大三个年龄班。此外，还有学前班、混龄班等班级组织形式。

(二)幼儿班级的人数

不同的年龄班有不同的生活和学习特点，需要教师投入的工作量也有差异。因此，幼儿园不同年龄班的幼儿人数各异。《幼儿园工作规程》规定，幼儿园不同年龄班的幼儿人数一般为：小班 25 人，中班 30 人，大班 35 人，混合班 30 人，学前班不超过 40 人，寄宿制幼儿园每班人数酌减。

但由于种种原因，在一些经济较不发达的地区，班级幼儿人数远不止法规规定的人数，有的甚至是规定人数的一倍。造成这种现象除了经济不发达外，还有利益驱动等原因。这种做法虽然有利于缓解“入托难”的矛盾，但其主要目的在于多招生多收费。其结果是不断扩大每班幼儿定额，造成幼儿园班级内空间紧张、人员拥挤，影响幼儿的学习、生活和游戏，如午休时挤着睡觉、户外活动轮流出去玩、分批分组等待上厕所等。同时保教人员精力不济，不仅不能照顾每个孩子的特点，因材施教，而且难以贯彻一些基本的幼儿教育原则。可喜的是，2010 年国务院颁布《国务院关于当前发展学前教育的若干意见》(国发〔2010〕41 号)(以下简称《意见》)指出：“积极发展学前教育，着力解决当前存在的‘入园难’问题，满足适龄儿童入园需求，促进学前教育事业科学发展。”《意见》第十条明确要求各省(区、市)政府“统筹规划，实施学前教育三年行动计划……以县为单位编制学前教育三年行动计划，有效缓解‘入园难’”。《意见》的出台，能有效地解决当前幼儿园班级人数过多的状况，提高幼儿园的办园质量。

(三)幼儿园班级的性别比例

幼儿园应根据招收入园幼儿总体性别比例来确定班级性别比例。一般来说，每班幼儿男女性别比例要大致相当。合理的性别结构对于幼儿的健康发展，对于班级各项活动展开都是至关重要的。

(四)幼儿分组

幼儿园可根据活动室的空间、桌子的大小和幼儿的人数进行分组，一般以 6 人一组或以 8 人一组为宜，活动室宽敞的幼儿园，也可 4 人一组，分组时要做到如下几点。

1. 合理搭配、优势互补

首先是男女性别搭配。男女性别的差异，在小年龄段时不明显，但随着时间的推移，幼儿完全熟悉和适应了环境以后，就能表现出差别了。男孩好动、调皮、大胆，女孩文静、认真、胆小。男女搭配，对维持班级常规及互相学习有好处。另外，心理学研究表明，男孩在数的推理和空间判断方面，女孩在言语流畅和机械记忆方面各有优势。男性与女性的大脑对某些智力思维的处理方式有差异。

其次是能力强弱搭配。幼儿是好学习好模仿的，每组适当地配上一两个能干的幼儿，他们能力强、领悟快，能很快领会教师的意图并作出反应。在他们的带领下，其他幼儿也能学着做出反应，久而久之，对能力弱的幼儿起到了积极的影响。

最后是高矮搭配。主要是考虑幼儿身高差异，方便坐在后面的幼儿与教师交流。原则上有两种方法：第一种是前面几组幼儿矮一点儿，后面几组幼儿高一点儿；第二种方法是，面向教师坐的幼儿由前往后，身高逐渐递增。从实践经验来看，第二种方法更合理一些。

2. 增设组长，自我管理

在适当的时候(中班以后或小班特殊需要时)可设小组长一名，小组长的作用是帮助教师管理小组，为小组成员端饭、发筷子、收拾学具和操作材料等。每个小组的物品可张贴上标签，摆放在固定的位置上，幼儿在小组长的带领下，学会自己管理自己的物品。小组长刚设立时，可以由老师指定。当每个幼儿基本熟悉了小组长的工作内容后，可以由小组成员轮流担任。从平等对待每个孩子以及促进每个孩子在原有基础上都得到发展的角度看，组长轮换更有利于促进幼儿的发展。

3. 定期交换小组位置

幼儿的视觉器官尚未成熟，不适当的采光、不适当的视觉都会引起幼儿近视。为了预防幼儿近视，幼儿的座位最好每个月更换一次，可以是前后小组对换，也可以是左右小组对换。更换时最好采用全组更换的方法，保持小组成员不变，小组称号不变，以免引起混乱，给管理带来难度。

三、幼儿园班级物品、财务管理

(一)班级物品的管理

幼儿园班级管理要素包括人、财、物、时间、空间等。“物”泛指班上的所有物品。班级物品摆放得当，能给幼儿一个整齐有序的环境，有利于幼儿的生活和活动，有利于幼儿的成长，同时也方便教师的使用。

班级物品包括：幼儿生活物品(小床、被褥、茶杯、毛巾等)，幼儿学习物品(玩具、学具、课桌椅、游戏材料等)，教师教学物品(教具、钢琴、电视机等)。

班级物品保管使用要注意以下几个方面。

1. 建一个班级物品清单，作为交接、检查的依据

清单可以包括以下几项内容：类别——幼儿生活用品、幼儿学习用品、教师教学用品，物品名称，物品数量、型号(大号、中号、小号)，责任人，备注。备注可以在

使用的过程中填写。如，××××年××月××日小床报废10张，××××年××月××日幼儿用桌子添两张(见表1-1)。

表1-1 幼儿园××班物品登记表

类别	物品名称	数量	型号			责任人	备注
			大	中	小		
生活用品							
学习用品							
教学用品							

2. 班级物品摆放的位置和高度要恰到好处

需要幼儿自己取放的玩具、游戏材料和其他学习用品要与幼儿的身高相匹配，并且放置在幼儿的视线之内安全的地方，每一项物品要分类摆放，最好有专门的收纳箱，有明显的形象标记，以便于幼儿自己参与物品的收拾整理，有利于培养幼儿的良好习惯。

物品摆放的位置受到空间限制和老师审美观的影响，但总体原则是不能影响幼儿的活动，最大限度地把空间留给孩子。同时也要注意与幼儿园内其他班级相协调，不能因为个人的好恶影响了整体的效果。

3. 班级物品应有专人保管

班级是一个整体，班级三位老师应共同参与班级物品的管理。保育员担负的卫生、幼儿生活照料的工作较多，可把幼儿生活用品和洗洁用品归她管理。教养员，特别是主班老师，相应地可管理教师教学用品和幼儿学习用品。按照民主的原则分工，按照谁使用、谁保管、谁负责的原则，尊重个人意愿，在实际工作中，三个人共同负责，一起当好班级这个家，做到管理有序、物尽其用。

在班级物品的管理中，很重要的一点是对班级材料的管理。班级的材料是指教师的教育笔记、观察记录、个案分析、保育笔记、班级工作计划、月计划、周计划及备课本、家园联系本、家长工作记录本、家庭访问卡等，这是教师教育工作的财富，也是考核教师工作成绩的依据。这些材料的管理要做到：

一是符合规范，服从幼儿园的统一要求，书写清楚，具有保存价值。

二是保管得当。属于教师个人的材料由教师个人保管，属于班级集体的材料安排专门空间保管。

三是有关班级材料，无论是个人还是集体共同保管，都要便于领导、同事和自己查看。

四是材料保管要齐全，不得随便作废，丢弃。

(二)班级财务的管理

在班级管理中，涉及的财务资金不多，但由于需要组织一些大型活动如春游、六一演出购买服装道具等，或者开学时需要收取一定的班费用于一些日常开支，这就涉及班级财务的管理。

对于要收取的费用，一定要通过家委会讨论通过，做好预算，避免盲目花钱不讲效益的情况。每一笔经费的收取和支出，一定要加强监督，严格管理。虽然班级资金不多，但也应该建立台账，支出和管理记录由不同的两个人担任，避免公私不分、账目不清。最好由家委会成员代收、代支，账目定期向家长公布，做到公开、透明，赢得家长的信任。

四、幼儿园班级空间的管理

幼儿班级活动的空间主要包括户外活动场地、活动室、寝室、走廊等。如何合理地搭配使用，使之产生最大的效益，就需要班级三位教师精心设计，合理搭配。在设计中应考虑以下几点。

一是，户外活动场地最好紧靠班级，这样活动时教师能室内外兼顾。并且，户外活动场地最好夏天有阴凉，冬天有阳光，活动的设施还要可以灵活搬动。

二是，寝室除每天供幼儿睡眠外，还可以考虑在幼儿游戏时间、自选区角活动时间作为幼儿的活动空间。有的班级在寝室中专辟一块空间供幼儿阅读，有的设置几组娃娃家，有的设置建筑角，都起到很好的效果。

三是，过道和走廊也是可供利用的宝贵空间。如走廊宽的班级可以在走廊一边开设建筑区、表演区、科学发现区、手工区等活动区，也可以设置娃娃家、照相馆、小银行等角色游戏区。走廊较窄的幼儿园则可以沿墙打制一排小矮柜，柜子里分格放置幼儿的衣服、鞋帽。柜子另外一面可以让小朋友靠着看书，自由交谈。紧贴的墙面，可以作为幼儿作品的展览区、家园联系本展示区等。

四是，活动室的充分利用。活动室是幼儿教育的主要场所，活动室的一景一物对幼儿起着潜移默化的作用。包括墙饰、走道、活动区角等，教师要精心设计、合理布置，充分利用每一个角落，合理利用每一个空间，使其发挥为幼儿的游戏、学习、生活活动服务的作用。

资料链接 1-1

幼儿园活动空间创设图示

活动室环境创设

图 1-1　动、静不同区域的合理分隔

图 1-2　利用区域墙面、玩具柜立面等展示与主题相关学习内容

图 1-3　用可移动的材料柜随机创设
（利用玩具柜、吊饰或其他进行区域间隔）

图 1-4　活动区应根据活动空间、幼儿人数及活动需要灵活创设与调整

走廊空间创设

图 1-5　我和绳子做朋友：练习打结

图 1-6　拳击

图 1-7　手工区(利用走廊空间设置区域)

图 1-8　游戏区

主题环境创设

图 1-9　每周之星

图 1-10　我爱我家

形式多样的低墙面创设，指导幼儿自主学习

图 1-11　学习编辫子

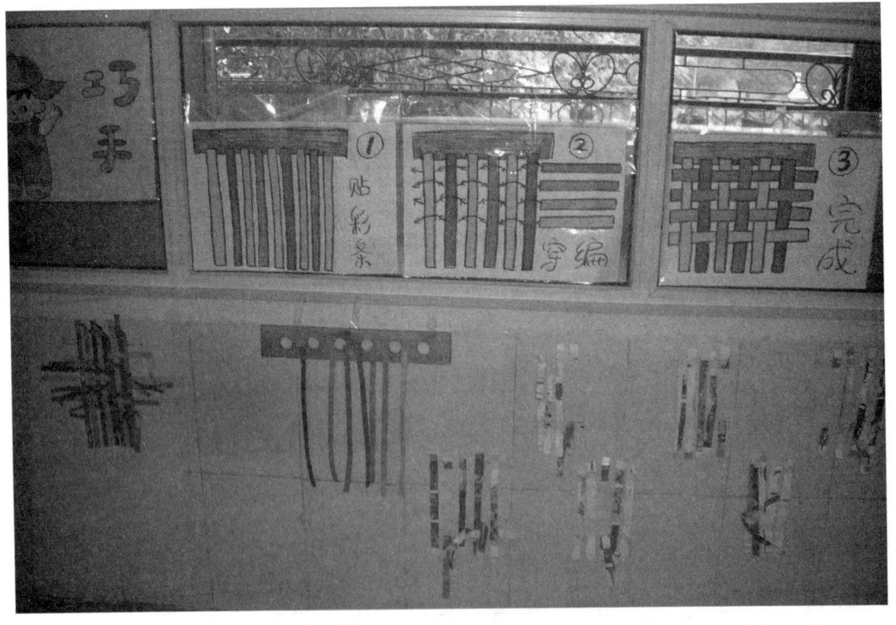

图 1-12　学习编织

让标志与符号说话

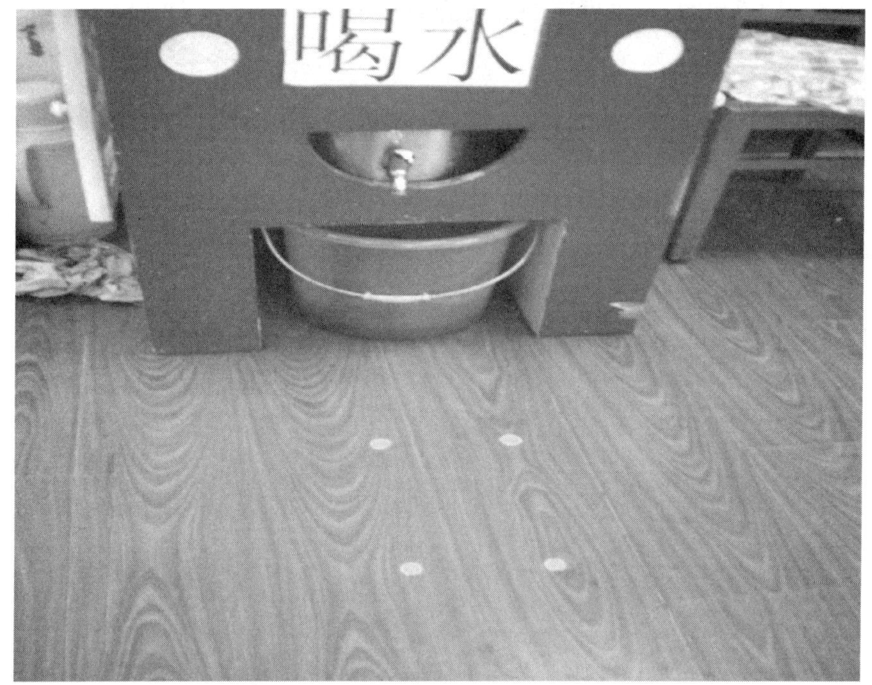

图 1-13　在需要排队的地方贴上标识

图 1-14　图文并茂的活动区域标志及区域规则

五、幼儿园班级的时间和信息管理

(一)班级时间的管理

组织的管理总是在一定的时间进程中运行的，时间是最重要的管理因素之一，善于管理时间是管理者的基本素质。我们常常感到时间不够用，仔细分析一下，就不难发现不是时间不够用，而是我们不知道应该如何使用时间。幼儿园的任何活动都是在一定的时间内延续的，因此学会管理时间是至关重要的。

首先要根据幼儿的年龄特点，科学地安排幼儿的一日活动。要遵循保教结合、动静结合、正规教育和非正规教育结合的原则。安排好幼儿的作息制度是保教人员管理时间的重要环节。这里就要解决三个问题：什么时间？做什么？怎么做？科学安排幼儿的一日活动，可以保证幼儿在有限的时间内掌握和学习对他们发展最重要的事情。有些教师将幼儿的大部分时间放在记忆知识及掌握技能技巧上，如背英语单词、唐诗、学习舞蹈动作等，并将孩子能学会作为孩子应该学的理由，使幼儿用大量时间做了不是这个年龄阶段应该做的事情，浪费了幼儿的时间，更为严重的是损伤了幼儿学习的积极性，使他们产生了厌学的情绪。所以，必须依据幼儿的身心特点安排其活动。

其次，教师要科学地安排自己的时间，将自己每天的时间分成几部分，如工作时间、生活时间、学习时间等，并处理好各部分之间的关系，不要将它们对立起来，而要借助共同的目标将它们统一起来。另外也要将近期的工作做一个计划，列表是一种十分有效的方法。我们可以将要做的事情用表格列出来，这样既鲜明，又形象。教师可依事情的重要程度，排出先后顺序，并设定所需时间与完成日期，这样就可依顺序完成进度了。同时也能有效地利用时间，提高工作的效率。

(二)幼儿园班级信息的管理

有效的幼儿园管理离不开信息。信息是事物同外部世界进行交换过程中特有的物质运行形式，指一切可传递和交换的知识内容，有效的管理行为必须通过某种反馈过程来获取信息，以了解其目的是否达到。幼儿园的信息管理，就是通过信息传播和交流，使教师关注社会大环境和幼儿园的小环境，沟通思想，丰富知识，密切情感，从而提高工作质量和工作效率，进而促进幼儿园的整体发展。进入信息时代，我们必须做信息收集的有心人。幼儿教师应该关注世界各国幼儿教育界的新思想、新经验、新动态，以及政治信息、经济信息、科技信息、文化信息等；建立健全信息网络，及时甄别分析各种信息，进行信息加工处理，择优而用，实现有效沟通。结合幼儿园工作实际，管理活动的有效性在很大程度上依赖于幼儿园和幼儿园外畅通、及时、准确的信息沟通联络，取决于运用信息传递方法的科学化程度。例如，通过信息的沟通联络，上传下达，协调配置人、财、物、事诸要素的关系，使幼儿园工作目标的确立、力量的组合、计划的制订达到最佳。

在幼儿园的班级管理中，保教人员要善于利用各种资源，如网络、家长、园长、同事等资源，顺畅沟通的渠道，敏感捕捉各类有用的信息，为提高班级管理的质量服务，如建立幼儿园网站、使用手机短信平台进行交流等。

幼儿园班级信息管理具体包括以下内容。

其一，幼儿信息的管理。这主要是指对幼儿成长信息的记录和管理，如幼儿学籍档案、成长档案、健康档案等。

其二，班级教育信息的管理。这是指针对班级在教育教学过程中形成的具有参考价值和保存价值的信息的收集、记录和整理。例如，学期教育计划、月计划、周计划、教学效果情况及教学反思，还要将班级重大活动、班级参加全园性庆祝活动、班级亲子活动、班级获得的荣誉证书等一些有价值的信息收集保存起来。

其三，班级日志管理。班级日志一般指班级、时间、主班教师、配班教师、保育员、幼儿出勤数、幼儿健康状况(服药人数)、大小便情况及每天的突发事件等基本信息记录。班级应该建立日志管理制度，要求教师每天如实记录班级一日活动中发生的情况，便于教师之间的沟通。

第四节　幼儿园班级管理的过程

班级管理活动也有一定程序，包括计划、组织、检查和总结四个环节。

一、幼儿园班级管理计划的制订

计划是确定行动的纲领和方案，促使行为趋向于目标的管理活动。它是一种预先确定目标和实现目标的手段。简单地说，就是明确“做什么”和“怎么做”的问题。幼儿园班级工作计划是班级管理者为班级的未来确定目标，并提出达到这一目标的方法和步骤的管理活动。对幼儿实际状况的了解是制订好计划的前提条件。

(一)幼儿园班级工作计划的内容

从时间上看，幼儿园班级管理工作计划主要是学期计划；从格式上看，班级工作计划的格式可以是文字式的，也可以是表格式的。计划是整个班级管理工作的起始环节，在整个管理过程中起着统帅作用。教师制订班级管理计划要做到目标明确，切实可行。

幼儿园班级管理学期计划的内容，包括以下内容。

第一，本班学生的班级情况分析：写在计划的前面，主要是对上学期班级工作的总结，对当前班级情况的介绍。

第二，班级工作目标：就是班级工作最终要得到的结果，制定班级目标要考虑幼儿园学期工作目标和本班幼儿实际情况，从幼儿生活管理、教育管理、家长工作和其他工作管理几个方面考虑，突出重点，文字简洁明了，切忌照搬照抄。

第三，实施措施：为了保证实现班级目标，要提出具体的措施和要求，每项工作内容根据需要，可以对应一条措施，也可以对应多条措施。措施要具体，落实到人，确保完成的时间。

第四，逐月重要工作的安排：对本学期重要的班级工作要一一列表安排，如5月“母亲节亲子活动”、6月“六一庆祝活动”等(参见表1-2)。

表1-2　××幼儿园××班学期工作计划

(　　学年　　第　　学期)

制订时间：　　年　月　日　　　　　　执笔人：

班级情况分析				
班级工作目标				
分　类	目　标	实施措施	时　间	责任人
生活管理	1. 2. 3.			
教育管理	1. 2. 3.			
家长工作	1. 2. 3.			
其他管理	1. 2. 3.			
备注				

(二)制订幼儿园班级工作计划的依据

一份好的班级工作计划，应目标明确、措施具体、符合幼儿园班级实际情况。因

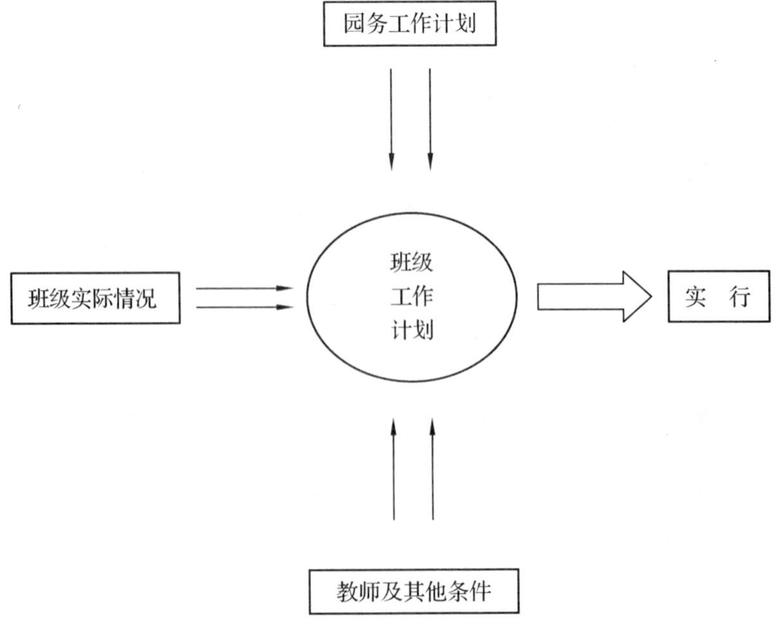

图1-15　制订班级工作计划的影响因素

此，在制订班级工作计划时，为了保证计划的科学性，要以园务工作计划、班级实际情况为依据，考虑教师及其他条件，如教师的业务能力、文化素质、工作态度等以及幼儿园的管理和教育科研水平等因素。

(三)制订幼儿园班级工作计划的程序

幼儿园班级工作计划，一般一学期制订一次，在开学前完成，班级的三位教师一定要共同研究，合作撰写。程序如图 1-16 所示。

研究上学期工作总结 → 学习园务工作计划 → 共同讨论，确定主要内容 → 撰写班级工作计划

图 1-16　制订班级工作计划的流程

资料链接 1-2

幼儿园班级工作计划

悠闲的假期生活已经结束了，新的一个学期在紧张而又有序的氛围中开始了。本学期我们将继续认真学习并深入贯彻《纲要》精神，加强学习和研究，不断更新教育观念，转变教育行为。为幼儿提供安全、健康、丰富的生活和活动环境，满足幼儿多方面发展的需要，尊重幼儿身心发展的特点和规律，关注个别差异，坚持保教并重，使幼儿身心健康成长，促进体智德美全面发展。

一、班况分析

本学期我班插了 5 名新生，现在共有幼儿 52 名，其中有男孩 28 名、女孩 24 名。通过小班一年的学习，幼儿在学习和生活上都有一定的进步。大部分幼儿已经养成良好的行为习惯，对人有礼貌；语言表达能力、与人交往的能力、生活自理能力以及动手操作能力都有了较大的发展。但我们也看到存在的一些问题，如幼儿对音乐的感受力较弱、幼儿的行为常规还需加强。本学期我们将在培养幼儿喜欢上幼儿园的情感基础之上，认真规范幼儿的一日常规，加强纪律教育，努力做好班级保教工作。进一步培养幼儿的自我服务能力，喜欢帮助他人、尊敬师长和同伴友爱相处的情感，使他们在自己原有基础上都得到发展。

二、保教工作

以《规程》为指针，贯彻《纲要》精神，根据园务工作计划，扎扎实实做好保教工作。规范幼儿的一日活动常规，增强幼儿体质，做好品德教育工作，发展幼儿智力，培养正确的美感。促进幼儿身心和谐发展。

(一)保育工作

督促生活教师搞好班级卫生，每天做好清洁、消毒、通风工作；预防传染病的发生；严格执行幼儿的一日活动作息制度，合理安排好幼儿的一日生活；整理好室内外的环境布置，为幼儿创设一个清洁舒适、健康安全的生活学习环境。

培养良好的生活卫生习惯。教育幼儿注意个人卫生，不能把脏东西放进嘴里，以防止病由口入。加强幼儿自理能力的培养，学习做一些力所能及的事情，如下铺幼儿学习整理自己的床铺。

细心呵护幼儿成长。在日常生活中精心关爱幼儿，特别是年龄小、能力稍弱的孩子。彭××、孙×等幼儿体质较弱，易受凉感冒，发烧。还有肖××、周××小便次数较多，针对此情况我们将给他们更多关爱，消除他们的紧张感。日常活动中细心关注孩子的精神面貌，发现问题及时处理。注意幼儿良好睡姿的培养，对幼儿的睡眠情况做好记录。

积极配合医务室做好幼儿体检、打虫等各项保健工作，使幼儿能够健康茁壮成长。

(二)教育教学工作

尊重幼儿在学习活动中的主体地位，根据中班幼儿的兴趣和发展目标结合我们新的建构式课程内容增加五大领域的教学内容，制订好每月、每周、每日教学计划，有计划有目的地组织实施，开展丰富多彩的教育教学活动，合理利用、整合各方资源。充分发挥幼儿的主动性。在活动中注重对幼儿进行语言智能、数学逻辑智能、自我认识智能、空间智能、人际关系智能、音乐智能、身体运动智能、自然观察智能等的发展。进行赏识教育，留心每个幼儿身上的闪光点，对他们进行适当的表扬，对于那些较内向、安静的幼儿多为他们创造表现的机会，对他们的进步更应及时表扬，增强他们的自信心和荣誉感。

继续加强幼儿的常规培养。常规的好坏直接影响教学秩序，从而影响孩子的发展。通过晨间谈话、随机谈话、离园前谈话等，向幼儿讲清常规、要求，并采用多种形式对幼儿进行训练，严格检查常规执行情况，逐步培养幼儿能自觉遵守各项规则。

在区域活动中培养幼儿的友爱、谦让、协作精神。根据每周活动目标，及时在各区域有层次地投放适宜的操作材料。在活动中认真观察幼儿，了解幼儿的需要，引导幼儿自主解决在活动中遇到的问题。

重点培养幼儿的阅读能力、提高幼儿的讲述能力。帮助幼儿掌握阅读的方法，能逐页翻读、学习用完整的话表达每一页的大致内容。训练幼儿讲述故事的能力，利用空余时间开展故事比赛活动。

继续培养幼儿动手操作能力，建立本班特色。我班特色定为手工。通过一年的学习培养，幼儿已经对这个活动非常感兴趣。他们一有空就会自觉地拿手工纸折各种东西。本学期我们还将在折的同时增加一些剪贴等技能训练，使我班的手工在学期末的展示中真正成为班级特色。

结合节日开展好各个庆祝主题活动。本学期的节日很多：教师节、中秋节、国庆节、元旦等，我们将根据不同的节日开展丰富多彩的庆祝主题活动和亲子活动。积极邀请家长参与我们的活动。特别是我们将结合国庆节开展"爱祖国、爱家乡"创新主题亲子活动；结合元旦开展"迎新年"亲子游园活动。

本学期我们还将开"秋季家园运动会"。我们将早作准备，积极开展训练活动。

三、安全工作

我们始终都要把安全工作放在首位。加强日常活动中的安全管理。重视幼儿一日活动中各个环节的安全管理工作，如晨间安全检查、坚持接送卡的使用、自选活动、餐前餐后、午睡前后及午睡间的巡视，保证幼儿一日活动不脱离老师的视线。在日常活动中穿插安全教育、加强幼儿的安全意识、帮助幼儿掌握一些自我保护技能。提高自己的责任心，细心排除一切不安全因素。对上铺幼儿要加强管理，扶上扶下。我们要让幼儿在安全的环境下健康成长。

四、班级管理

首先，每月定期召开班务会，总结上个月的工作情况，共同讨论自己工作中遇到的困难，找出解决的办法。布置好本月的工作内容。

其次，认真制订好月、周、日计划。严格按计划开展各项活动。幼儿一日活动科学合理、动静交替地安排好。

再次，认真督促填写幼儿请假登记表和交接班记录。

最后，管理好班级财物，每天检查门窗是否关好；不让班级财物丢失；平时注意节约用水、用电以免造成不必要的浪费。

五、家长工作

做好家长工作，提高家园共育的效果。

一是，根据中班具体情况，有针对性地出好家园共育栏目，及时向家长宣传有关幼教知识，让家长及时了解幼儿在园情况。

二是，认真填写家园联系册，使其充分发挥桥梁作用。

三是，利用早晚接送幼儿的环节，及时与家长沟通。

四是，通过家访、电访和电子邮件等形式与家长保持密切联系，及时交流幼儿的生活学习情况，向家长推荐优秀的网站。

五是，定期开好家长会，提倡优质服务。尽量让家长感到满意、放心，以取得家长对班级工作的支持与配合。

各月工作安排表

月份	内　容
9月	1. 老生入托，开展安全、常规教育
	2. 整理室内外环境布置
	3. 班级召开家长会
	4. 更新早操内容，训练幼儿早操
	5. 结合教师节开展“老师，您辛苦了!”主题活动
	6. 落实晨检发牌制度
10月	1. 结合国庆节开展“爱祖国、爱家乡”创新亲子活动
	2. 完善班级环境布置(环境中体现主题)
	3. 培养良好的区域活动常规，抓紧班级特色活动的开展
	4. 训练幼儿早操，准备幼儿早操检查评比
	5. 训练幼儿运动会比赛项目
11月	1. 为“秋季家园运动会”做好各项准备工作
	2. 继续完善班级环境布置(体现幼儿活动足迹)
11月	3. 向本年级老师开放本班特色活动并相互学习
	4. 秋季家园运动会
12月	1. 开展教育沙龙活动，特色活动之我说
	2. 开展幼儿讲故事比赛，提高幼儿的语言表达能力
	3. 家长开放日
	4. 继续完善本班区域活动，丰富投放材料，准备环境布置检查(操作材料的应用)
	5. 本年级教材利用自己特长开展互帮互助活动，交流教学经验
1月	1. 结合元旦开展“迎新年”亲子游园活动
	2. 展示本班特色成果
	3. 幼儿身心发展评估
	4. 学期末家长会
	5. 学期结束，做好班级财产清理工作

六是，开展家园共育活动，欢迎家长参加开放日活动。寻找合适机会请家长走进课堂，通过各种途径达到家园教育同步。

总之，我班三位教师将继续努力、团结一致、同心协力把班级工作做好，争取取得更好成绩！

二、幼儿园班级管理的组织与实施

幼儿园班级管理工作要避免纸上谈兵，最终要落到实处。定好班级工作计划之后，还要开展组织与实施工作，使班级工作计划真正落实产生结果。组织是指安排分散的人或事物，使之具有一定的系统性或整体性；实施即实行。幼儿园班级工作的组织与实施是指将班级中的教师、幼儿、材料、物品、空间、时间等要素进行合理安排，使之具有一定的系统性和整体性，并加以实行。班级工作有计划且形成体系，是做好工作的重要一步。

为了使计划转化为实际工作，班级教师要统筹安排人力、物力、财力，科学地安排好时间，以保证完成计划中所提出的各项任务。并随时观察，掌握计划落实情况，对执行过程中出现的问题要及时解决。班级的组织工作纷繁复杂，头绪众多，是班级管理过程中最主要的、大量的、经常性的工作。

三、幼儿园班级管理的检查与调整

要加强幼儿园班级工作的检查与计划调整。检查是对计划的检验，是根据计划实施的情况对预先制订的计划进行调整。要使班级管理计划变成现实，班级教师须要下大力气抓计划的落实，否则计划就变成了一纸空文，有计划无检查，计划就会流于形式，工作就会放任自流。

检查环节的实施，主要是督促教师和幼儿执行计划；也是从各方面及时了解情况，反馈信息，对原计划作出合理的调节、取舍，防止失误和失控，从而积累资料，为做好下一步工作打下基础。

(一)班级工作检查的形式

检查的形式可以多种多样，一般取决于检查的目的及内容。

如果要了解某项工作的情况可进行专题检查，就一个问题深入、细致、重点突出地检查，如检查班级家长工作开展情况；如果要了解班级全面工作情况，可开展全面工作大检查；为了使计划能按所设计的进程落实，可在学期中、学期末、学年末进行例行的常规性检查；对班级工作中发生的问题可进行临时性抽查，这种检查方式及时、灵活、机动，如手足口病高发期，检查班级幼儿个人卫生情况、保育员消毒工作情况等。

不同的检查方式应互相结合使用，不可偏废。

(二)班级工作检查的方法

除园领导、班长检查外，也可采用工作人员自查、互查等方式。领导检查除用观察方法外，还可用谈话、听取汇报 、召开会议、检查各种文字材料等方法。

(三)班级工作检查时应注意的问题

一是，要有目的、有计划地检查。检查要有明确的目的、正确的标准和方法，要根据计划中的内容、工作的主要环节进行检查，而不是泛泛而查。

二是，实事求是，检查人员要根据被检查人的实际情况、检查时的实际情况，客观地分析研究，帮助被检查人总结经验、找出问题，提出改进的建议，起到指导和促进作用。总之，检查要尊重事实，客观公正，看成绩更看过程。

三是，保证检查工作时间。

四是，做好检查记录。这是积累资料、做好总结以及改进工作的基本保障，要注意的是，检查记录不仅应扼要地记录被检查者工作的全过程，还应记录检查者的意见和建议。

五是，检查后，要从大量积累的材料中分析班级管理工作中的经验和问题，找出改进措施。

资料链接 1-3

班级保教人员安全工作自查报告

安全工作是班级工作中的首要大事，是重中之重。在幼儿园的领导下，我班对安全工作常抓不懈，三名保教人员开展安全自查，做了如下工作。

一、坚持春、夏季传染病预防排查和报告制度

加强春、夏季传染病的预防宣传教育，严格执行幼儿晨检、午检制度，及时联系缺课幼儿的家长，查明情况，如属发烧发热的幼儿，上报到医务室。班级教师做好全日观察，随时关注幼儿的身体状况，根据气温变化，提醒幼儿增减衣物，多喝水等。保育员做好日常消毒工作，并且在感冒流行期间，加强对玩具、棉被等的消毒，室内进行熏醋预防。

二、加强教育宣传预防力度

班级营造了安全教育的浓厚氛围。班级将推出“安全教育大家谈”，向家长宣传班级、幼儿园的有关安全教育的各项规章制度，引导家长共同探讨，如何对幼儿进行安全教育，给广大幼儿和家长以启迪和警示。

召开班委会，进一步落实安全工作责任制，与家委会讨论夏季传染病预防、交通安全、防溺水、饮食卫生、防雷电等安全教育，班级加强安全健康教育，加强晨检、午检，密切关注身体不适幼儿，及时准确地处理等。

积极关注和化解幼儿之间的冲突和矛盾。班上有少数几名幼儿有攻击性行为，要加强对这几名幼儿的教育，与家长及时沟通联系，争取家园合作共同教育，教育幼儿爱护自己、关爱同伴。

三、及时排除、消除安全隐患

严格执行幼儿园凭接送卡接幼儿制度。对于不熟悉的幼儿接送者要谨慎对待，不能有一点儿失误。对未到园的幼儿，要做好家园联系工作，并针对具体情况进行汇报，有异常情况应马上请示上级领导，以防各种大的传染病或其他特殊情况的蔓延。

幼儿园周边商店、小食品等卫生状况令人担忧，教育幼儿不买不洁食品和物品。

教师结合教学活动对幼儿进行安全知识的教育，让幼儿具备简单的防火、防电、防水、防病、防骗常识。

四、以后工作

接下来，我们将在关注班级幼儿的基础上，关注幼儿家庭及其成员，及时了解幼儿的家庭状况，要关注特殊家庭、特殊幼儿，严防不安定因素。

资料链接 1-4

××幼儿园安全检查记录表(班级自查)

检查班级：		检查内容：
检查人员：		检查日期：
情况记录	检查情况：	
	处理结果：	

四、幼儿园班级管理的总结与评价

总结是对计划执行情况的评价，管理过程的终结，是对班级管理工作计划执行情况的全面检查与评估。班级管理总结要发现问题和缺点，找出成绩、经验和教训。总结的过程就是一个对以往工作进行全面检查、分析和研究的过程，通过回顾计划执行过程，从正反两方面分析计划中的工作，得出有指导意义的结论，从而不断地提高工作质量。总结还为制订下一阶段计划提供依据，下阶段计划要以上阶段的总结为起点，总结中好的经验，下个阶段计划要巩固和继续发扬；总结中提出的缺点和问题，下个阶段要克服和改进。总结时，应注意以下几点。

首先，应对照计划进行总结。做总结时必须对照计划，分析计划的完成情况、完成程度、取得的经验及存在的问题。做总结时不仅要总结成绩、经验、优点，更重要的是要找出存在的问题，并进行深入的分析，为今后改进工作提供依据，为做好下一个阶段的计划打下基础。

其次，总结要有重点。总结不是写流水账和工作的罗列，要经过提炼和概括，找出班级管理工作中存在的根本性问题，以利于改进和提高。

最后，要注意资料的积累。平时积累大量资料，总结才有事实根据，才有说服力，做到有理有据。

总结是对计划执行的总检验，是对计划进行后的总结论，着重肯定成绩，指出缺点，总结经验教训，提出下一工作阶段的努力方向，从而使全体班级管理人员以更高昂的士气和精神投入下一阶段的工作中。

资料链接 1-5

中一班班级工作总结

时间过得真快，转眼之间一学期就在孩子们的欢声笑语中临近了尾声。回想这学期的点点滴滴，与孩子们一起共学、共长，真令人难忘。

本学期，在老师和保育员的悉心教养下，孩子们的情感、态度、能力、知识与技能各方面都得到了进一步的发展。孩子的每一点进步都倾注了老师的心血，当然更离不开家长对我们工作的支持和配合。看到孩子们快乐地成长，我们三位老师都倍感欣慰。

现将本学期的班级工作做如下总结。

一、关注每个幼儿，营造平等、和谐的班级氛围

二期课改提倡“以幼儿发展为本”。我们在工作中也应关注每一个孩子，以每一个孩子的发展为本。

通过小班一学年的学习和生活，孩子们已逐渐融入了我们这个集体，彼此之间更熟悉友爱。进入中班后，我们更关注每个幼儿的发展，努力发现每个幼儿身上的闪光点，并帮助孩子发现自己的优势、长处，逐渐建立幼儿的自信和对集体的归属感。

我班本学期转来了一名新生，名叫马××。她是一个性格非常内向的小女孩。在各方面表现都较为胆怯。来园时，向老师和同伴打招呼的声音很轻。在幼儿园里，她似乎对什么活动都不太感兴趣，不能很好地融入同伴中去。刚进园的一个月，她几乎就没说过几句话。后来，老师和家长进行了沟通，了解了孩子在家的情况。同时，在班级孩子们面前，老师引导孩子们把马××当成小妹妹，请各个方面能力强的孩子陪同她一起游戏、运动、学习，大家一起帮助她适应新环境、适应新集体。

通过家长、老师和同伴共同的悉心照顾以及老师的不断表扬鼓励，马××渐渐地不再那么胆怯了，她逐渐和其他的幼儿“打”成了一片，我们时常能看到她的笑脸。同时，她也敢于表现自己了，敢于举手发言了。在运动时，她也能大胆地参与各个项目。每天来园离园时，声音也响亮多了。当我们听到她的爸爸妈妈说马××现在很喜欢上幼儿园，而且进步很大，真是没有转错幼儿园时，我们顿时觉得任何付出都是值得的。

又如，我们班的方××，他是一个比较特殊的幼儿。虽然是小班就进园的，但是由于种种原因，他在家里休养了一学年，本学期才开始来园，而且也只来半天。记得刚开学时，方××每天都是哭哭啼啼的，不愿意进教室，不愿意和同伴亲近，尤其是在开展集体教学活动时，他总是喜欢在教室里满场跑，或哭个不停，不仅自己学不好，还影响了其他的幼儿。我们三位老师，在他身上花了很多心血，每天保证有一个老师半天陪同他，对他进行个别教育。功夫不负有心人。经过一学期的努力，方××在各方面都取得了很大的进步。现在，方××每天来园离园都愿意和老师打招呼了，有时

还能和我们进行很简短的交流。不仅如此，他的生活自理能力也得到了很大的提高，他现在会自己洗手、小便、吃点心了，有时还会自己穿脱外套。特别是户外活动，他最开心了，时常能见他满场地跑跳个不停。看到这样的方××，我们三位老师都感到很欣慰。

每个孩子都有自己的闪光点，只要老师平等、真诚地对待他们，多关注他们的优点，不厌其烦地教育引导他们，让孩子们感受这种和谐的氛围，相信每个孩子都会有不同程度的提高。

二、创设良好环境，促进幼儿各方面能力的发展

本学期我们开展了《我爱我家》《在秋天里》《寒冷的冬天》等主题活动，并围绕这些主题开展了一系列活动。

在主题开展过程中，我们充分挖掘和利用了社区资源、家长资源，促进我们的主题丰富多彩，生动有趣。

（一）以主题为背景、创设环境

二期课改后，我们的环境布置大多是以主题的形式来进行的。而在环境创设过程中，我们还注重和幼儿一起共同参与环境创设，满足幼儿自我表现的欲望，并发展他们的动手操作能力。同时，老师和孩子共同布置的环境更能受到孩子和家长们的喜爱。

而每个主题环境的布置，老师都会有预先构思。比如，我们是美术特色幼儿园，因此，我园的环境布置是以美化和教育功能为主的。因此，老师首先要考虑班级的主色调，然后进行补充和调整。在和孩子们一起进行环境布置时，老师还应考虑墙体画面的整体美，使墙面既有局部美的变化又有整体协调感，使环境更艺术化。

例如，在“我爱我家”的主题活动中，我们将整个教室作为一个家，并划分了几个区域：我家小卧室、小厨房、小书房、小画室以及我们的小区几个区域内容。小卧室里，孩子们收集了各种自己的服装、爸爸妈妈的服装和用品。可以给他们分类，也可以穿穿这些服装，感受爸爸妈妈的衣服和自己的不同。每个区域的主题环境中，有幼儿的手工绘画作品，有我们提供的材料，也有幼儿收集的主题图片、照片、物品等，更有幼儿和家长共同完成的主题调查表，还有家长发挥自己想象力的亲子主题作品等。老师将这些内容稍加调整，衬些背景或加些花边，布置在墙面上，体现了浓浓的主题氛围和家的温馨气息。

在不断的充实和调整中，我们让幼儿成为环境的主人，用自己的作品和创意去丰富环境，真正发挥出环境的价值，而孩子们看到自己的作品出现在墙上，都表现出无比的兴奋。

通过实践，我们发现：在教室的主题版面上，除了可以呈现教师和幼儿共同收集的主题资料外，还可以通过美术的手段将主题活动的内容融入整个活动室环境之中，既体现了我们的美术特色，也使环境更艺术、美观。这样既有创新又有美感的主题环境更能使人眼前一亮，成为点睛之笔。

（二）以资源为依托，丰富主题

1. 幼儿园资源

本学期，我们在区域性运动上进行了大胆尝试，我们借鉴与××幼儿园结对的优势，学习并汲取了他们在区域性运动中的优秀经验，运用到我们幼儿园来。我们结合主

题，探索创设运动环境、制作材料。我们挖掘幼儿园的外部场地的各个资源，利用幼儿园一切可利用的运动器械和材料，并发动保育员、老师一同设计制作区域性运动材料。大家出谋划策、齐心协力，创设了具有主题氛围和生活化美术特色的区域性运动环境。

同时，我们的区域性运动不是一成不变的，而是随着主题的变化而逐渐调整丰富的。孩子们可以自由选择自己喜欢的区域尽情玩耍，发展全身基本动作。那些平时不爱参与运动、胆子较小的孩子都在区域性运动中找到了自己喜欢的内容，他们热情地参与运动，各项体育技能都大大得到了锻炼，增强了勇敢意识，并深深体验到了运动的乐趣。

在这个过程中，幼儿园的资源最大限度地得到了发挥，教师的环境创设能力也得到了提高，孩子也不同程度地获得了发展，真是一举多得！

2. 社区资源

本学期，我们结合主题活动内容，挖掘了社区中的有效资源，不断推进我们的主题，开阔孩子的视野和知识面。例如，在“我爱我家”的主题中，我们利用散步的时间，带领孩子们参观社区，认识各种门牌号、信箱等，丰富孩子对家的认识。我们还组织幼儿参观了附近的园区，让孩子们近距离地观察各种小区设施、各种房型结构和娱乐设施，孩子们大开眼界，发现原来身边的社区是如此丰富、有趣，又是那么方便。重阳时，我们让孩子们亲手制作了红花，来到小区里、居委会送给老人们，受到了老人们的一致好评和感谢。这些，对孩子都是很实实在在的教育。

又如，在“在秋天里”的主题开展中，各班根据自己班级的主题重点，组织孩子们参观菜市场，亲身体验买菜的过程；通过参观水果超市，孩子们又了解到秋天是个水果大丰收的季节。同时，在小区里频繁散步的过程中，孩子们更感受到了秋天的植物变化，菊花开放了、树叶飘落了。这些亲身直观的体验，比老师的灌输更有效。

而在“寒冷的冬天”的主题中，我们每个班级都精心排练了节目，在分园上演了精彩的“迎新歌会”，不断增进了小中大各班孩子之间的了解，也让孩子们走进了新分园，感受了那里的新环境。

通过身边的社区资源的挖掘和利用，孩子们走近了社区，学会了观察，学会了发现，学会了生活。更丰富了我们的主题活动，推动了在主题的有效发展。

3. 家长资源

家长是孩子的第一任老师，而孩子的点滴进步也都牵动着每一位家长。积极的家园配合能有效推动幼儿园教育教学。因此，从小班起，我们就很重视家长资源的利用。

通过小班一年的生活，老师和家长们彼此比较熟悉了，开展家园工作也顺利多了。特别是开学初又一次的上门家访，让家长更增进了和老师的情感。总体说来，我班家长的配合还是很不错的。本学期，我们继续发挥家庭互助组的资源，开展了一系列的活动。

比如，在“我爱我家”的主题中，我们发动家长和孩子带来了自己的各种服装和用品，投放在区域中。我们还进行了“我的家”亲子制作活动。虽然老师只是发了口头通知，但是依然有80%的家长主动带来了作品，而且作品外观优美、形式多样、质量很不错。这些作品我们都有目的地布置在教室和走廊中，营造了浓浓的家的氛围。也得到了本园老师和来参观的同仁们的一致好评。

在“在秋天里”的主题中，我们发动家长和孩子收集了各种水果、蔬菜以及水果食品带来幼儿园，在教室里我们创设了“水果超市”，让孩子们在区域中自由选择用各种水果和水果食品制作“水果大餐”，孩子们兴奋地做着“水果色拉”“水果拼盘”“水果蛋糕”等，充分体现了孩子们的聪明智慧和灵巧的动手能力。

在“寒冷的冬天”的主题中，我们利用双休日，请家长代表和孩子来园进行“新年皇冠”的制作活动，在大家的巧手下，一只只琳琅满目的皇冠和面具诞生了。在“迎新歌会”上，孩子们戴着这些自制的道具，别提有多开心了。特别是我们的王××妈妈还参与了迎新节目的表演。博得了大家的热烈掌声。同时，在幼儿园新年亲子制作比赛中，我班有三个家庭的作品获了奖，其中两个是一等奖、一个是二等奖，真是很不错的成绩。而这些成绩的背后，是家长们对我们教师的信任和认可。

在每一个主题开展过程中，我们都会让家长做一些调查表，如“我的小手本领大”“爸爸妈妈的本领”的调查表、“爷爷奶奶喜欢什么”的调查表、“我家怎么样”的调查表、“家人爱吃的水果”“动物怎样过冬”等各类调查表。每次回收量总能保证80%以上，家长们都能通过电脑打印、图片粘贴和绘画、文字等形式完成，而且质量越来越好。从这些频繁的调查表制作中可以看出家长认真的态度。

只有老师真诚付出，家长才会信任你、配合你，才能提高我们的家园质量，促进幼儿园的各项活动开展。确实如此，我们的家长能认真参加幼儿园开展的各项活动，并保证较高的出席率，如家长会、半日活动、亲子活动等。平时，也能用各种方式主动和老师联系交流，互递孩子的生活学习情况。

本学期，我班的主题活动开展得有声有色，每个孩子都获得了纵向的提高，班级氛围也非常融洽，师生关系也很和谐。这都离不开老师、家长和孩子的三方共同努力和配合。

三、反思经验和不足，在不断磨合和改进中发展

不论是孩子的教育，还是班级的管理，还是家园的工作，最重要的是“扎实”二字。任何事情只有脚踏实地地扎扎实实去做了，才能切实有效，才能使家长成为我们的合作伙伴，使孩子们喜欢老师、喜欢幼儿园，才能确保各项活动顺利开展。

总结班级工作的成功经验，更要学会反思其中的不足，才能不断推进教育质量。在一学期的工作中当然存在着不足，尚需继续改进：

一是，孩子发展：我班的孩子开朗、活泼、聪明、有礼貌，孩子们彼此之间的关系较融洽。但是，也发现孩子们在常规方面还是有欠缺的，如欠缺认真倾听的习惯、良好的坐姿、举手发言的好习惯，特别是进餐的速度非常慢。这些良好习惯的养成都需要教师在日后的工作中不断督促，急待改进。

二是，家长工作：本学期，发现有几个家庭中出现了爸爸妈妈之间闹矛盾、离婚的现象，这些不利的情况影响了老师和家长的沟通，更严重的是在孩子的身心和学习方面产生了不良影响，有个别孩子由开朗变得郁郁寡欢，影响发展。虽然老师不能过多干涉家庭事件，但是，我们将尽我们的绵薄之力，做好孩子的健康引导，更多关心照顾这些幼儿，让他们感受集体的温暖。同时，也希望能通过我们与家长的友好交流，尽量将不利于幼儿的因素最小化。

三是，教师工作：虽然三位教师通过不断的磨合，彼此间配合不断默契。但是，

在三位一体中，仍有些不足之处需要改进。例如，运动中教师的观察引导；班级管理的常态化、一致性；行为习惯养成中的教育引导；家长工作的主动性积极性等各方面。

找准了缺口，就要对症下药，相信，在后期的工作中，我们将做得更好。

总之，幼儿园班级管理的四个环节是互为条件的，前一个环节是后一个环节的基础，后一个环节是前一个环节的落实与实施。它们之间相互联系，环环相扣形成了一个螺旋上升的链。每一次新计划的目标都比上一个计划目标水平提高。如此不断循环，最终促进幼儿园工作质量的提高。

资料链接 1-6

世界著名的质量管理专家戴明提出管理是由计划、实施、检查、总结四个环节组成的一个过程，围绕目标像环一样的循环往复的活动运转，每循环运转一次，管理水平便上一个台阶，称为戴明环学说，又称 PDCA 循环理论，是任何一项管理工作有效进行的基本方法，在质量管理中得到了广泛的应用。

P、D、C、A 四个英文字母所代表的意义如下：

① P(Plan)——计划。包括方针和目标的确定以及活动计划的制订。

② D(Do)——执行。执行就是具体运作，实现计划中的内容。

③ C(Check)——检查。就是要总结执行计划的结果，明确效果，找出问题。

④A(Act)——行动(或处理)。对总结检查的结果进行处理，对成功的经验加以肯定，并予以标准化，或制定作业指导书，便于以后工作时遵循；对失败的教训也要总结，以免重现。对于没有解决的问题，应提给下一个 PDCA 循环去解决。

PDCA 循环就是按照 Plan(计划)、Do(执行)、Check(检查)和 Act(行动)这样的顺序进行质量管理，并且循环不止地进行下去的科学程序。使用 PDCA 循环理论进行管理要注意以下几点。

①各级质量管理都有一个 PDCA 循环，形成一个大环套小环，一环扣一环，互相制约，互为补充的有机整体；一般说，上一级的循环是下一级循环的依据，下一级的循环是上一级循环的落实和具体化。

②每个 PDCA 循环，都不是在原地周而复始运转，而是像爬楼梯那样，每一循环都有新的目标和内容，这意味着质量管理，经过一次循环，解决了一批问题，质量水平有了新的提高。

③在 PDCA 循环中，A 是一个循环的关键。

本章小结

1. 幼儿园班级管理是指班级教师通过计划、组织、实施、调整等环节，把幼儿园的人、财、物、时间、空间、信息等资源充分运用起来，以便达到预定的目的。幼儿园班级管理的内容主要包括生活管理和教育管理，还涉及家园交流管理、班级间交流管理、幼儿社区活动管理等几方面，但教师所有的管理工作都服务于幼儿的生活管理和教育管理，围绕着这两个核心来开展。

2. 幼儿园班级管理要贯彻四个原则：主体性原则、整体性原则、参与性原则、高效性原则。

3. 幼儿园班级管理的方法：规则引导法、情感沟通法、互动指导法、榜样激励法、目标指引法。

4. 幼儿园班级管理涉及人、财、物、事、时间、信息等要素，保教人员要科学地使用和利用各种资源，充分体现人尽其才、物尽其用的原则。

5. 幼儿园班级管理活动也有一定程序，包括计划、组织、检查和总结四个环节。四个环节是互为条件的，前一个环节是后一个环节的基础，后一个环节是前一个环节的落实与实施，如此不断循环，最终促进幼儿园工作质量的提高。

练习与实践

一、简答题

1. 幼儿园班级管理的内容有哪些？
2. 联系实际，谈谈开展幼儿园班级管理要遵循哪些原则？使用哪些方法？
3. 幼儿园班级管理涉及“人”的因素有哪些？如何调动人的积极性？
4. 如何管理好班级物品？
5. 经常听到教师说“忙！忙！忙！”，班级管理中应该怎样管理好时间？
6. 幼儿园班级管理包括哪些环节？每个环节应做些什么工作？
7. 请选择一个幼儿园班级，尝试作一份班级学期工作计划。

二、实践探索

【案例】

在寒冷的冬季，小朋友们穿得又多又厚，上衣和裤子常塞不好，很容易感冒。怎么办呢？老师玩起了“找朋友”的游戏，老师拿出一件毛衣，告诉幼儿：“毛衣哭了，因为找不到它的好朋友毛线裤了，你们快帮忙呀！”小朋友可热心了，这时老师连忙拿出毛线裤，告诉孩子们快点儿把自己的毛衣塞进毛线裤里，让两个好朋友碰碰头，拉拉手，这么一来毛衣就不会哭了；又用同样的方法教会了幼儿让棉毛衫、棉毛裤找朋友。就这样，幼儿很快掌握了塞好衣裤的要领，每次起床及小便后，值日的小检查员一问，被检查的孩子会立即掀起外套，骄傲地告诉他：“我的好朋友找到了！”

请仔细阅读上述案例，并分析：

(1)教师贯彻了班级管理的哪些原则？

(2)教师使用了班级管理的哪些方法？

阅读推荐

1. 张燕．学前教育管理学．北京：北京师范大学出版社，2009.

本书从幼儿园管理的宏观和微观方面入手，系统地介绍了学前教育管理学这门学科，内容涉及管理理论、学前教育行政、学前教育管理的原则和园长领导艺术、幼儿园管理工作评估等内容，反映国内幼教改革和研究的新成果、新动向。阅读本书，可帮助班级教师上升到幼儿园管理的层面，积极协助园长，在园长的领导下，更好地开展班级管理工作。

2. 唐淑，虞永平．幼儿园班级管理．南京：南京师范大学出版社，2004.

本书形成了完整的班级管理理论，渗透了最新的班级管理理念，突出操作性、实用性。内容涉及幼儿园班级管理的基础理论，包括幼儿园班级管理的含义、研究的内容、方法，幼儿园班级管理的任务和原则，幼儿园班级管理的过程；以及有关幼儿园班级管理具体实用的内容，包括幼儿园班级管理的方法，幼儿园班级管理工作的组织、实施，各年龄班幼儿的班级管理，班级环境的创设和班集体的建设以及幼儿园班级家长工作的管理，可供学习者参考和借鉴。

第二章　幼儿园班级安全健康管理

学习目标

- 了解幼儿园安全管理制度及卫生保健制度。
- 掌握幼儿园班级安全管理的措施。
- 了解幼儿园班级卫生保健工作的意义和内容。
- 掌握幼儿园班级卫生保健工作实施的方法。

关键问题

1. 幼儿园班级安全管理的措施有哪些？
2. 怎样落实幼儿园班级卫生保健工作？

案例 2-1

一天中午起床后，老师带领幼儿有秩序地回到活动室，老师在摆放桌子时，两幼儿争拿一把椅子，蓬蓬把小喧的脸抓伤，事情发生后当班教师未上报园长，未及时通知家长，直到家长来园接幼儿时才知道，事后家长很不满意。

评析：在案例中，虽然两名幼儿因争拿一把椅子是不可避免的事，但班级教师的管理存在一些问题，建议：①本班老师将椅子编号、写名字或贴相片，让幼儿拿取自己的椅子。②告知家长及时给幼儿剪指甲。③当班教师在事发后及时上报领导，在第一时间通知家长，为受伤幼儿赢得最佳治疗时间……由此可见：安全无小事！居安思危危自小，有备无患患可除！

第一节　幼儿园班级安全管理

幼儿园的安全工作，特别是幼儿的安全是至关重要的，幼儿年龄小缺少安全知识经验，缺乏独立行为能力，然而又好奇、好动、好探索。在活动中对危险事物不能作出正确判断，不能预见行为后果，面临危险时不会保护自己，因此园内各项活动的开展均要以孩子为中心，保证幼儿的生命安全。班级是幼儿园的基层组织机构，应重视班级的日常安全管理工作。

《幼儿园教育指导纲要》也指出："幼儿园必须把保护幼儿生命，促进幼儿健康放在工作的首位，应密切结合幼儿的生活进行安全教育，提高幼儿的自我保护意识和能力。""幼儿园要重视在日常生活中向幼儿进行安全教育，使幼儿掌握一些基本的安全常识，培养幼儿自我保护的意识和能力，要和家长密切配合，共同做好幼儿安全教育和保护工作。"

幼儿园班级安全工作可以从以下几个方面入手。

一、强化保教人员的安全意识和责任心

班级是幼儿园的基层行政单位，承担落实保教幼儿的责任。保教人员要把幼儿安全问题置于头等重要地位，加强对工作的责任感，强化安全意识，认真细致地做好安全工作，避免意外事故的发生。保教人员要认真学习各项安全制度，并坚持严格执行，要明确各自岗位安全工作的内容，及各环节要注意的问题；对制度执行情况要进行定期自查。发生事故，要及时上报，并认真分析查找原因，采取对策。

案例 2-2

教师责任心不容忽视

一天，一位小朋友的妈妈下午送幼儿来园后告诉老师，孩子没睡午觉，让他睡一会儿。家长走后，带班老师就让该幼儿去寝室睡觉了。到了下班时间，孩子们陆续被接走，带班教师清点了门窗、水源等便锁门下班走了，竟忘记了在寝室睡觉的那个孩子。孩子的家长去接孩子，发现门锁着就回家了。晚 7 点多钟父母才发现没接到孩子，又立即返回幼儿园四处寻找，又与带班教师联系，这时教师才想起该幼儿被锁在寝室。打开寝室门，孩子嗓子已哭哑，抱着父母直发抖。从此以后，幼儿不敢来幼儿园，并常常在晚上惊醒，去医院检查，幼儿患有忧郁症，家长对此很不满意。

评析：这一则事故，让我们清楚地看到：强化教师的安全意识和责任心多么重要。教师要关注每一个孩子，特别是体弱的孩子，要让他们的活动在你的视线范围内，更不能把孩子遗忘在空房间。

资料链接 2-1①

幼儿园安全制度

1. 幼儿园安全保卫制度

(1)全园教职工应坚守岗位，高度负责，保证幼儿身边有人，随时清点人数，严防幼儿走失。

(2)加强对幼儿的常规教育，培养良好的行为习惯，随时检查幼儿鞋带、衣物，发

① 资料来源：贵阳市实验二幼

现不安全因素，及时处理解决。向幼儿进行安全教育，加强自我保护意识，提高自我保护能力。教会幼儿知道幼儿园的名称、家庭住址、父母姓名等，防止意外事故发生。

(3)带幼儿外出活动，必须请示领导，增加带队教师的人数，选好安全场地，有组织有纪律地进行。并随时清点人数，走路时注意不离队、不掉队。

(4)外来人员必须登记后经允许方能入园，一般情况当班老师不能会客和接电话，建立健全幼儿接送制度，不准陌生人来园接幼儿，防止冒领。

(5)车辆必须停在指定区域，严禁进入幼儿活动场所或停放在走道上。

(6)一切不安全用品、药品必须由专人妥善保管，热水、热汤应放置在适当位置，电器设备应安装合理，严防中毒、烫伤、触电等事故的发生。

(7)做好防火、防盗工作，下班后应关好门窗。

(8)全体教职工应自觉遵守门卫制度。

(9)注意房屋、场地、玩具、用具的安全，定期进行检查维修，避免砸伤、摔伤等事故发生。

(10)幼儿在园发生意外，当班人员必须及时向园领导汇报并送医院治疗，并及时通知家长。

2. 幼儿园值班制度

(1)节假日值班(包括平时值夜班)，值班人员必须准时交接班，不得无故缺席、迟到或早退。

(2)值班时要提高警惕、坚守岗位、按时巡视，发现问题要及时报告，同时必须在值班记录簿上做好记录。

(3)对个别离园较晚的幼儿，要保证幼儿情绪稳定和安全，做好和家长的联系工作。

(4)值班时由于特殊情况需要调班，必须请示领导，经领导同意后方可调班。

(5)值班期间要做好来电、来信、来访的接待和记录工作。

3. 幼儿园安全检查制度

(1)教师保育员要以幼儿为中心，关注幼儿在各项活动中的安全。

(2)园外活动要认真清点人数，家长来接孩子一定要按学校的接送程序进行，不能违规。

(3)午睡时教师要勤巡视，细心观察防止幼儿在被窝内发生意外。

(4)经常检查幼儿的口袋，不让幼儿玩危险物品，以防伤害。

(5)必须妥善保管药物，喂药时要仔细核对。有毒物品由专人管理，严禁在班上存放。

(6)开水瓶要远离幼儿，热汤热粥要加盖，防止发生烫伤事故。

(7)注意房屋、场地、家具、用具、玩具、活动器械、电器设备的安全使用，每月检查一次，大型体育器械、电器每周检查一次，并做好检查记录。避免触电、砸伤和摔伤等事故发生。

(8)每月召开一次全园安全工作会议，由各部门的负责人组成安全小组，加强防护措施，消除事故隐患。

4. 幼儿园安全管理制度

(1)保证房屋、场地、家具、玩具、生活用品、教学设备设施、体育器械的使用安全，定期由专人检修，避免意外事故的发生。

(2)定期向家长及教职工进行安全教育，定期检查园内安全措施的落实情况。经常对幼儿进行安全教育，将安全教育渗透到一日活动中。

(3)认真贯彻有关食品卫生规定，严防食物中毒。

(4)药物一定要专箱专人负责、妥善保管，电源插座、门锁、插销应安装在幼儿摸不到的地方。

(5)开水、豆浆等要放在安全的地方，进行降温处理后方能给幼儿饮用。

(6)幼儿厕所、盥洗间保持清洁干燥，做到无异味。

(7)灭火器要定期检查、更换，经常组织教职工、幼儿进行安全演练，掌握灭火器的使用方法。

(8)不准带幼儿去食堂、配电房等地方。

(9)建立健全幼儿接送制度。传达室门卫人员、校园保安要把好大门，杜绝工作时间脱岗或干其他事务。

(10)外人不得随意来园，不得进班，有事可在传达室等候接待，并填写好来访人员登记表。

(11)工作人员要保证幼儿的行为安全，出现情况应及时汇报，不得延误。如出现事故，要进行分析研究，做好记录，并追究当事人的责任，根据情节大小进行相应处罚。

5. 幼儿园消防安全制度

(1)幼儿园的全体教职员工要认真学习安全防火知识，学会消防栓、灭火器操作。

(2)幼儿园安全检查小组每月检查一次幼儿园电路、电器、防火设备情况，做好记录，消除隐患。

(3)幼儿园的所有电器在用完后，马上拔出插头并放置在干燥地方，以保安全。

(4)各班卧室、活动室之间的通道要保持畅通，孩子在室内时，不准上锁，发生火灾事故时，教师、保育员要沉着镇静，迅速从安全通道疏散幼儿。

(5)经常对幼儿进行防火安全教育，使幼儿懂得不能玩电插头，发现情况及时报告家长。

6. 幼儿园班级日常安全制度

(1)幼儿安全教育“五不”：不触摸各种电器开关；不乱食花、草、种子、药物、食品；不把小物件衔在口中；不放脏东西和危险品在口袋里；不离开老师。

(2)带班时间教师不得与人聊天，不得离开幼儿，不允许幼儿离开老师的视野，不接电话和会见客人。

(3)活动前做“三检查”(即检查场地设备、幼儿情绪、衣着)，活动时注意观察幼儿活动内容和方式；活动后清点幼儿人数并讲评。

(4)拿饭、拿水时要躲开幼儿走。刚煮沸的汤和水要加盖放在幼儿碰不着的地方。开饭时，饭菜、汤不烫手才能让幼儿端，饭、菜、汤不能从幼儿头上过。

(5)幼儿进食时不谈笑，不含饭在口中就去做其他事。

(6)幼儿的药品要写好药名和人名及喂量，洗衣粉、消毒液和洁厕净要写好品名放置幼儿拿不到的地方。

(7)不让幼儿接触电源开关、刀器、开水和火。

(8)下班前要仔细核对幼儿人数，关好门窗，关掉电器、开关，锁好贵重物品。

(9)幼儿受伤后，当班老师要冷静沉着，耐心询问、仔细查看伤口。如果是烫伤要迅速离开热源，是骨折要固定好伤口位置，再迅速护送到医院处理。

(10)发生事故后，要立即报告医生和园长。

7. 幼儿入园、离园制度

(1)新生必须经幼儿园批准后，携带户口簿、体检表、计划免疫证等，按规定日期来园办理入园手续，过时不予补报。

(2)幼儿上午7：50～8：30来园，下午4：40～6：00离园。星期六、星期日幼儿不来园。

(3)幼儿中途需要退园时，必须办理退园手续，以便备案。

(4)幼儿因患传染病愈后必须凭医院出具的相关健康证明方可入园。

(5)学期结束时，幼儿园应向家长发放幼儿素质报告单。

(6)幼儿毕业离园前，幼儿园组织有关毕业庆祝活动。

8. 幼儿园接送制度

为保证幼儿的安全，教师、家长必须严格遵守幼儿园的接送制度，家长须凭接送卡进入幼儿园接孩子。

(1)每天早晨7：50～8：30送孩子，每天下午4：40～6：00接孩子，幼儿园不准家长让孩子自己来园，不准未成年人(中小学生)来接孩子。

(2)家长有事需早送或晚接孩子须先跟班级老师打招呼予以告知。

(3)遇幼儿亲朋来接孩子，教师必须询问清楚，如果是孩子认识的，教师也必须与家长取得联系，查验来人证件。未得到家长许可不得把孩子交给他人。凭接送卡接孩子。

(4)静园时间后，由值班人员带孩子，值班人员一定要照看好孩子，严格按上述要求执行。

二、注重环境安全，消除事故隐患

案例 2-3

小胸花

某幼儿园一位小朋友来园后，身上别一漂亮的小胸花。在区域活动时，教师发现她玩弄胸花后面的小别针，还不时取下来往嘴里放，便及时将其收起来，该幼儿离园时，教师把胸花转交给家长，并与这位小朋友和家长交谈了此事的危险性。

评析：该教师能及时发现安全隐患，且妥善处理，避免了可能发生的安全事故。并以此为契机，对该小朋友和家长进行了安全教育。

幼儿发生意外伤害，常常是环境中的不安全因素造成的，幼儿园班级管理应特别注意为幼儿创造安全卫生的生活环境，提供安全卫生的学习环境，定期检查教育活动场所、安全设施，如栏杆、门窗、桌椅、玩具等是否安全，发现损坏迹象，即刻停止使用；要注意脱落在地上的回形针、大头针等小物品；危险物品如工具刀、剪刀、消毒剂、洁厕液等要摆放在幼儿看不到、摸不着的地方；药物要妥善保管，不使幼儿接触。对大型户外玩具要经常检查、清洁，沙池要经常清理，避免某些尖锐物体刺伤幼儿的手指。教师发现园内的教学设施存在安全隐患时，要及时汇报，让幼儿远离危险设施，避免幼儿在危险的条件下活动。

总之，要注意防微杜渐，把安全隐患消除在萌芽中。

资料链接 2-2

幼儿园常见安全事故隐患

1. 消毒柜、热水瓶摆放在孩子能拿到的地方。

2. 幼儿园走道摆放活动区，影响孩子在紧急情况下的疏散。

3. 日常生活活动中的安全问题常见：擦伤、划伤、摔伤、抓伤、咬伤、跌伤、骨折、脱臼、吞入异物等。

4. 有的乡一级的幼儿园大门没有值班人员，敞开着。

5. 电源插头太低，电线老化。

6. 老师给幼儿服药时，未核对姓名与剂量。

7. 用过的剪刀未及时收藏好。

8. 送开水、送饭的路线是幼儿经常活动的地方。

9. 幼儿衣袋中的利器、小物品未及时收去。

10. 幼儿午睡时，教师擅自离开或打瞌睡。

11. 教师或幼儿胸前戴了别针或指甲留得太长。

12. 活动前未检查幼儿的衣着、鞋带。

13. 活动前未检查运动器械。

14. 课桌椅上的钉子松动脱落。

15. 建筑物转角处及家具棱角尖硬。

重大事故

1. 儿童被冒领或走失，把儿童遗忘在空房间。

2. 食物中毒事故。

3. 一氧化碳中毒事故。

4. 烧烫伤事故。

5. 拥挤踩踏事故。

6. 高处坠落、触电造成的事故。

7. 雷击地震洪水和泥石流造成的事故。

8. 体罚、外来暴力造成的事故。

9. 游泳、戏水造成的溺水事故。

10. 春游、秋游、节假日的庆祝活动等中发生的人身伤害。

11. 消防安全事故。

12. 交通安全事故(校车可能出现的事故)。

三、重视幼儿一日活动各个环节的安全管理与教育

尽管班级一日工作繁杂、琐碎，然而安全工作应有机渗透到幼儿一日活动各环节之中。

(一)把好“四关”

1. 把好幼儿晨间检查关

幼儿来园的第一个环节就是晨检，晨间检查不仅可以预防传染病的发生和流行，把传染病的因子杜绝在外，还可以通过检查及时发现幼儿有无携带不安全的物品，如小刀、铁丝、豆、小玻璃球、小钉子、小纽扣等，发现后应及时告知家长，把物品交还给家长，这样可以解除“隐患”。

2. 把好午睡关

幼儿午睡时，值班教师不要擅自离开、请人代岗或打瞌睡；教师的责任感要强，要留心幼儿的变化，要做到每一位幼儿都在你的“眼皮”底下，尤其要多加注意那些体弱儿；对一些有“反常”行为的幼儿要善于“察言观色”，多加关心；如发现紧急情况应及时处理或上报。

另外，每个班的午睡交接簿除交接当天幼儿出席人数、交接家长送孩子入园时的特别交代，还要交接生病幼儿的情况及特别需要注意的事项，并做记录。

案例 2-4

擅离职守，幼儿摔伤骨折

某幼儿园某班幼儿午睡时，教师李某因有事，就临时委托教师王某接管自己的工作。在管理期间，班里一幼儿趁教师不注意，在床上玩耍，不慎从床上掉下来，造成锁骨轻微骨折。

评析：这一案例告诉我们，幼儿午睡时，值班教师不要擅自离岗或请人代岗，要让每一位孩子的一举一动在你的视线范围内，事故的发生有可能出现在你疏忽的一瞬间；另外要加强对孩子午睡的常规管理，避免安全事故发生。

3. 把好户外活动关

户外活动是幼儿最喜欢的，但却是教师最担心的环节，许多安全事故通常是在这

一环节中发生的。教师要提醒教育幼儿有安全意识和自我保护意识，尽量避免安全事故的发生。

教育幼儿上下楼梯靠右边走，不能与同伴相互推拉、挤；不到阳台、窗台等高处玩耍；在使用户外活动器械时，要遵循正确的运动技能和方法，遵守活动规则，不得做任何危险的动作，如爬、攀登时抓紧护栏，不相互推拉，走路奔跑时要注意四周、不猛跑、猛停，要会躲闪，防止与同伴碰撞；户外游戏时，不远离集体，不到水池、游泳池附近玩耍；活动前要整理好衣着，提好裤子，系好衣扣，不得拖拉着鞋，鞋带要系好，以免活动时绊倒发生危险。户外活动时，应关好大门，不得让幼儿单独离园，不能让陌生人接走幼儿。团体排队外出时，要幼儿确认并紧跟前面的小朋友，不掉队，不随便离队；教师应有两人随行，一前一后照顾幼儿，并随时清点人数。

资料链接 2-3①

户外活动安全防护

秋千：保持稳定的摇荡，不用时应让它保持停止；不玩秋千的幼儿应远离；不得在秋千未停时往下跳。

滑梯：不带玩具等物品上滑梯；爬攀登架时要抓紧护栏，不相互推拉；下滑时要与前面的幼儿保持适当的安全距离；滑下后应立即站起来离开；做安全简单的姿势下滑；依滑梯大小限制使用人数。

跷跷板：禁止站在上面；要等双方都坐好后才开始玩，两手紧握扶手；不将板用力碰撞地面；一个位置只能坐一个幼儿，板子中间不可以坐人；接近地面时注意手和脚不能放在板下；从跷跷板上下来时一定要给对面的幼儿说；不玩的幼儿应远离。

攀登架(或爬绳)：手上不能拿东西；手抓紧绳索，两手交错向上攀爬；依爬绳大小限定人数；要特别留意不妨碍到一起玩的幼儿。

带轮玩具：在指定区域玩；不故意推车撞人或物；行进时保持适当的速度；玩完后将车送回规定停放处。

躲藏的地方(小屋、隧道)：依场地大小限定人数。

拳击袋：击打袋子时不得故意去打别人；每次最好只有两人玩。

轮胎：滚动时宜在空场上远离别人；沿轮胎边缘走只限一人。

球：宜在指定区域玩；禁止用球任意打人；如果球掉落园外，要请成人帮忙拿回。

沙土：不得推人或禁止别人玩；沙土不可以用来丢人或拿来吃。

木工设备：正确安全使用工具；依空间设备多少限定人数；将木块固定好后才可以锯；玩好后收放好工具。

木箱等建构材料：建构不宜太高以免倾倒；与其他幼儿共享器材；当别人不玩时，才可拆掉原来的构造。

① 孙小金：《幼儿园安全管理与纠纷防范处理全书》，吉林，吉林音像出版社，2004

4. 把好幼儿接送和乘车关

家长送孩子时，一定将孩子交给老师。教师在接送孩子、扶孩子上下车时要清点好幼儿人数，并做到协助幼儿上下车；在车上教师要注意每个孩子的动向，提醒孩子不要把头手伸到车窗外，不要在车上打闹等，以保证幼儿的接送、乘车的安全。教师要注意在接送孩子时一定要按照与家长签订的合同，杜绝孩子一个人回家，教育孩子不要跟陌生人走。

教师在幼儿离园这段时间内要格外小心，对陌生的接送人员，坚持"一问、二看、三放行"的原则。所谓"一问"就是分别询问来者与孩子的关系、来者的单位及姓名，反过来再与孩子对证，看陌生人是否讲得与孩子一致。"二看"就是仔细查看孩子的接送卡，是否是真的。没有接送卡的陌生人，一律亮"红灯"。"三放行"就是对"一问二看"均合格者才给予放行。让家长积极支持配合，坚持使用接送卡，这样才能有效地堵住漏洞，切实保障孩子的安全。

(二)对幼儿进行安全教育，培养幼儿的自我保护能力

幼儿安全行为教育包括两个方面内容：①预防性安全行为，即在日常生活中表现出来的旨在保护自身生命的安全行为，如不把异物放进口鼻中，安全用电，知道玩火、玩电、玩水的危害性，不携带危险物品，防拐骗，外出遵守交通规则等；②安全自救行为，即在出现意外灾害时能沉着应对，学会自救避险，如拨打急救电话、火灾自救、地震避险等。

安全教育不能光说不练，除了加强幼儿安全意识的教育外，重点应该放在幼儿安全行为的训练上。

幼儿安全行为习惯培养的途径有以下几个。

1. 在游戏中有意识的学习

如在角色游戏玩"娃娃家"中，老师可有意识地发展出"不给陌生人开门""不要吃陌生人的东西""不跟陌生人走"等游戏情节；或组织开展"红绿灯"游戏，让幼儿掌握"红灯停，绿灯行""行人要走在人行道上或斑马线上""过马路要看红绿灯"等有关规则。在体育游戏中，可以通过"抓尾巴""大风和树叶"等有趣的游戏，增强幼儿躲闪、呼喊等快速反应能力。在情境游戏中，师幼可共同创设一种模拟意外或灾难的特定情境，让幼儿设想、体验身临其境时的正确应对方法。例如，创设一个"火场逃生"的场景：某处发生火灾了，旁边有水、毛巾、被子、衣服、门、窗等多种物品，幼儿当场进行保护自己的逃生演练。

2. 在一日生活中自然渗透

让幼儿明确一日生活中各个环节和各项活动的具体要求，如入园——不带小刀、扣子等危险物品进园；进餐——安静进餐、细嚼慢咽，不说笑(以免呛着)；睡眠——正确睡姿，不把杂物带到床上玩，不含着东西睡觉；行走——行走时抬头挺胸，手前

后自然摆动，学会靠右行走，不猛跑(以免碰撞、摔倒)；游戏等活动——遵守游戏规则和集体纪律；离园——有序活动，静待家长，安全返家等。此外，还可进行专题或渗透性的安全教育活动——知道日常生活中的安全行为，如在使用剪刀等危险性工具时，要注意教幼儿掌握操作技能、要领：将剪刀交给别人时，要把剪刀的尖端握在手掌心，将剪刀柄递出去，以防刺伤别人，剪刀用完后要合好，放归原处。不能拿着剪刀乱跑。不准幼儿玩弄电源插座、插头、电线，不能玩火柴、打火机等。不能随便吞吃非食物的东西，不把钱币、玻璃球等小东西含在嘴里，放在鼻子里。

3. 在演习中实践

开展常态化的模拟演习活动，如防地震、防火灾、防台风等。通过组织模拟演习活动，教育幼儿在突发情况下如何保护自己，逃生时避免混乱和人踩人等；如地震时听到警报声，要听从老师的指挥，有序地下楼，逃生时不扭头向后看，要快速跑到平坦的广场，远离高楼等建筑物；也可针对恶性伤害性的“恐怖事件”进行相应演练。经过多次的模拟演练，幼儿自救的意识增强了，自救动作也会更迅速。

四、做好家长工作，形成家园教育合力

幼儿园班级的安全工作离不开家长的理解、配合、支持和参与，教师要指导家长在家庭生活中开展安全教育，如家长平常带孩子外出时，应指导幼儿观察马路上的交通标志，并遵守交通规则，安全出行；指导幼儿明白走失时怎么办，让孩子牢记父母的姓名、工作单位、家庭住址及联系电话等；可开设家长讲座，利用幼儿园自办的小报、橱窗、家长园地、板报等多种途径、多种形式向家长宣传安全教育，让家长了解一些安全小常识，真正履行起孩子监护人的责任。

只有家园一致，形成教育合力，共同增强幼儿的安全意识，提高幼儿自我保护能力；才能使幼儿远离危险，远离意外，远离伤害。

新生入园登记及幼儿园安全管理协议

1. 新生入园登记

孩子入园是一个家园双方双向选择的过程，可以让有入园意向的家长填写新生入园登记表及安全管理协议，以最后确定新生名单。

新生入园登记表的内容应该包括：

①幼儿的信息：姓名(昵称)、家庭住址、用药历史、食物过敏史、疾病史。

②父母及其他主要负监护职责的家庭成员信息：家庭成员姓名、单位名称、联系方式。

③幼儿接送形式(包括方式和由谁接送)。

---

① 资料来源：贵阳市第一幼儿园

④幼儿最近的健康检查记录，在意外情况下要通知的家庭成员姓名、电话。

新生入园的安全管理协议应该包括：

①因家长隐瞒幼儿的先天性遗传疾病（心脏病、癫痫等）及食物过敏，药物过敏而出现的安全问题的处理办法。

②幼儿服装和随身物品的安全管理要求及意外伤害事故发生的处理办法等，要结合本园的安全工作实际来拟定协议内容。举例如下。

×××幼儿园安全管理协议

尊敬的家长朋友：您好！

孩子们身心健康的发展是我们共同的心愿，做好幼儿园安全工作，确保每一位入园儿童的安全，是幼儿园也是家长义不容辞的责任。为确保孩子的身体健康和生命安全，请家长遵守本协议如下条款：

(1)家长如有对幼儿先天性的遗传疾病（心脏病、癫痫等）、食物过敏、药物过敏等隐瞒，出现问题后果自负。如有发现不符合幼儿入园的健康状况要求的，请及时退园。

(2)早晨送孩子入园时，应自觉带孩子接受保健老师的晨检；配合幼儿园对幼儿进行安全教育、管理和保护，孩子入园时不准带零食（糖果、水果冻等）、危险物品（如刀、剪、小珠子、有毒及具有危险性的玩具和用具等），一律不准给孩子佩戴任何饰物（项链、手链、耳环、玉器等），否则，其遗失或因饰物造成的事故，园方不负责任。

(3)家长应了解幼儿园的作息时间，坚持接送卡制度，必须持卡将幼儿亲自送到教师手中，然后从教师手中接走幼儿，幼儿由接送人从老师手中接过后一切安全问题由接送人负责。临时委托她人接送，接送前打电话将委托人姓名、年龄、特征及与孩子之间的关系告诉给本班教师，方可履行接送手续，否则后果自负。

(4)如果您的孩子身体不适，需要教师喂药，您必须出示医院就诊病历卡，否则我园不予接收。接收的药物我们会按时喂给孩子。

(5)如果您的孩子因某种原因不能来园，请您及时向老师请假，以便我们做好孩子的出勤记录。

(6)当您的孩子行为失当，给别的孩子造成伤害，或者对自己造成伤害，或对自己和别人的物品造成伤害，请监护人承担相应的后果。

(7)当孩子发生如下情况时不能送园：ⓐ发烧38℃以上；ⓑ患呼吸道传染病（如流感、手足口病、水痘、腮腺炎等）；ⓒ患肠道传染病（如腹泻、痢疾、伤寒等）。

(8)当孩子发生意外需要紧急救护时，同意幼儿园把孩子送往就近的医院，实施救护行动。

(9)严格按照幼儿喂药规定：用纸或袋将药包好，并写上幼儿的姓名、药的名称、喂药的时间、剂量（我园教师每天只为幼儿喂药一次）。

(10)离园时，因幼儿和家长过于密集，为了确保幼儿的安全，请在接完孩子后尽快离园，如需带孩子在户外场地玩耍，请做好安全防护工作，如在此期间发生意外，一切责任自负。

(11)未经许可，家长不要擅自进入幼儿教室；家长如无特殊情况不要探视孩子。

此协议双方签字(盖章)后生效，有效期至幼儿毕业离园为止。

甲方：×××幼儿园(盖章)　　　　乙方：______小朋友家长：(签字)
甲方联系电话：　　　　乙方联系电话：
年　　月　　日　　　　年　　月　　日

第二节　班级日常卫生保健工作管理

卫生保健工作是幼儿园工作的重要组成部分，是为保证幼儿身心正常发育和健康成长而实施的各种措施。幼儿园是幼儿集体生活和活动的场所，是易感人群集中的地方，因此卫生保健工作在幼儿园工作中具有特别重要的意义，这也是幼儿园教育与管理区别于其他教育的一大特色。

一、班级卫生保健工作的意义

(一)卫生保健工作是幼儿身心发展规律所要求的

幼儿园保健工作的对象是正在发育和成长中的幼儿，他们生长发育迅速，然而身体尚未发育完善，生理和心理发展的可塑性大，容易受到损害；学前儿童适应环境的能力和对疾病的抵抗力不强，容易感染疾病；所以我们要为幼儿提供适合其年龄特点的卫生保健和生活环境，采取必要的保健安全措施，使过集体生活的儿童减少感染疾病的机会，避免传染病的蔓延，保证全体幼儿的健康。

(二)卫生保健工作是由幼儿的年龄特点决定的

幼儿生长发育还未定型，且行为习惯与个性也正在逐步形成的过程中。幼儿园可以通过有计划、有组织、有目的的管理工作科学地安排幼儿的一日生活，提供合理的营养膳食，定期体检，进行疾病的防治和生活卫生常规的培养，加强体格锻炼，以及建立安全措施等工作，实施良好的保育和教育，促进其健康成长。

班级工作人员和幼儿接触最多，因此应重视班级日常性的卫生保健工作，重视幼儿日常生活活动及每天的饮食起居环节中的卫生保健工作。

二、班级日常卫生保健工作的内容

(一)做好晨间检查和幼儿每日的健康状况观察

晨检不能流于形式，晨检是为了了解幼儿的健康状况，检查幼儿的个人清洁卫生，以便做到对疾病的早发现、早预防、早隔离、早治疗。晨间检查的一般方法是：

一看，看咽喉，看脸色，看眼神，看皮肤和精神情绪状况。

二摸，摸摸是否发烧，摸腮腺是否肿大。

三问，问幼儿在家吃饭情况，睡眠是否正常，大小便有无异常。

四查，查是否携带不安全物品。

另外，幼儿身体不适的某些先兆往往在幼儿园的日常生活及活动中表现出来，对幼儿日常健康的观察，有助于对幼儿的疾病早发现、早治疗。

日常的健康观察可以从两方面进行：

(1)注意身体上的异常现象

扁桃肿大；口腔有异味；皮肤发疹、红肿；发烧、脸色苍白；流鼻涕、打喷嚏、咳嗽；有浓重的鼻音；呕吐、反胃等胃口不好；无精打采；疲乏、想睡觉；如厕次数较平时多，频繁。如果以上表现较严重，应立即通知家长，如果不能成功联系家长，班级教师应做到报告保健医生、送医院或特殊护理的处理。

(2)注意幼儿情绪上的反常现象

烦躁不安、焦虑；注意力不集中；对周围的事物不感兴趣，情绪低落；有反常的攻击性行为；极度紧张，容易激动；经常出现疼痛现象；过度害羞、安静；动作反常、不协调，经常碰撞物件。如果幼儿的这些情绪上的表现偶尔出现一两次，属正常现象，但是出现频繁，便需要与家长联络，了解幼儿的家庭生活状况以及在家的表现，然后作特殊处理。或请教心理辅导专家，或作相应的身体检查。

发现问题要及时处理。在幼儿全天活动中，各班保教人员应注意观察记录，尤其是体弱儿童，要特殊护理(见表 2-1)。

表 2-1 幼儿晨检及全日观察

班级： 幼儿人数： 观察记录者： 观察时间：

晨间检查					全日观察				
幼儿姓名	性别	身体状况描述	家长代诉	处理	身体状况描述	处理	用药	备注	签名

(二)创设良好的物质生活环境和精神心理环境

在一日生活当中，为幼儿提供良好的物质生活环境和精神心理环境，是班级卫生保健工作的重要内容，包括安全的活动环境、良好的睡眠环境、卫生的进餐环境、科学的作息安排以及能够让幼儿保持情绪愉快、平稳的精神心理状态。

案例 2-5

一次午睡时，杨凯尿床了，小朋友纷纷向老师告状。杨凯羞红了脸，一言不发。老师没有当众指责，而是说：“是不是睡得太香了，所以出了这么多‘汗’，连你自己都不知道?”杨凯机灵地说:“嗯,老师,下次我要是再出‘汗’一定先告诉你。”看着他那开心的小脸,老师也笑了。此后,杨凯再也没尿床了。

评析:孩子和成人一样有尊严。老师不能用大人的逻辑去分析孩子的行为,要用宽容和尊重来维护孩子幼小的心灵。尿床这件事很丢人,换一种说法教育孩子,既保全了孩子的面子,又使他心理得到放松,自尊心得到维护。

(三)对幼儿进行生活的护理和良好生活卫生习惯的培养

幼儿园的卫生保健工作,要从大处着眼,小处着手,注重日常性的卫生保健工作,抓好幼儿日常生活活动及每日的饮食起居等环节的卫生保健工作。

首先,在一日生活的各个环节中做好幼儿生活护理工作,如户外活动:提醒并检查幼儿衣着、鞋带,注意腹部保暖。根据气候条件和幼儿的体质情况,提醒帮助幼儿增减衣服,及时擦汗;提醒体弱幼儿注意活动量。进餐:指导幼儿正确洗手,不弄湿衣袖,提醒幼儿吃饭时细嚼慢咽不挑食,保持桌面、地面、碗里的干净;提醒幼儿饭后漱口、擦嘴。午睡:经常巡视,观察幼儿的睡眠情况。离园:帮助幼儿整理仪表,拿好自己的物品。

其次,要注意培养幼儿良好的生活卫生习惯,它包括:

①保持个人身体和服装整洁的卫生习惯。如饭前、便后洗手,晚上睡前、早晨起床后洗漱,勤擦鼻涕,不往口袋里放脏东西,有保护眼睛、鼻子、耳朵、牙齿的一般卫生常识等。

②良好的饮食,睡眠,排泄习惯。如学会正确使用餐具,不用手抓饭菜吃,不偏食,不挑食,少吃零食,不将物品放入口中,不喝生水,按时睡觉,不憋尿,定时大便等。

③保持环境整洁的习惯和能力。如不随地吐痰,乱扔纸屑或废物,不随地大小便,不在墙上乱写乱画,用完物品或玩具后及时放回原处,学会做简单的清洁卫生工作和劳动等。

④保持坐,立,行等正确的身体姿势。

良好的习惯一旦形成,将为幼儿的身心健康打下基础,使其终生受益。

(四)保持与家长的联系和配合

保教人员要充分利用班级工作的优势,经常与家长沟通,了解幼儿的个别差异、在家表现,以便能有针对性地采取有效的措施;让家长了解幼儿园保健工作的意义和要求并向家长宣传新知识、新信息及常见病防治知识等,争取家长的配合。

三、班级日常卫生保健工作的落实

(一)认真执行卫生保健制度

卫生保健制度是幼儿园卫生保健工作正常运转的保证,保教人员自觉执行卫生保健制度,是做好班级卫生保健工作的保障。

幼儿园的卫生保健制度有以下几种：

①幼儿园健康检查制度；

②幼儿体格锻炼制度；

③预防接种制度；

④卫生消毒、隔离制度。

资料链接 2-5①

幼儿园卫生保健制度

1. 幼儿园健康检查制度

①入园检查。幼儿入园前必须在指定的市妇幼保健院进行全面健康检查，经体检、化验等项目检查，确无传染性疾病方可入园。对离园一个月以上或去外地（离开本市）返回时，须重新体检方可回园。

②定期体检。每半年为幼儿测身高、视力一次，体重二次。每年5月为幼儿进行全面检查一次，按联合国世界卫生组织（WHO）体格发育评价标准对幼儿身高、体重进行评价。体检中发现有异常情况要采取相应措施，对于一般性疾病给予及时处理；对营养不良、中度以上贫血、中度以上肥胖等幼儿应转入体弱儿管理或建专案管理；发现龋齿、砂眼、视力不良幼儿进行登记管理，及时给予矫治。

③晨间检查及全日观察。认真做好一摸：有否发烧；二看：皮肤和精神；三问：饮食、睡眠、大小便等情况；四查：有无携带不安全物品，发现问题及时处理。

④工作人员上岗前体格检查。工作人员上岗前必须到指定的医疗保健单位进行体检，经体检合格由检查单位签发健康证明书后方可上岗工作。对患有国家法定传染病及乙肝表面抗原阳性、滴虫性霉菌性阴道炎、化脓性皮肤病、精神病、肢体残缺者，不得从事保教工作和炊事员工作。在工作中发现患急、慢性传染病、病原携带者以及有碍于幼儿身体健康的疾病，要及时隔离与调离。

⑤工作人员每年体检一次，发现以上疾病应离职治疗或调离。

2. 幼儿体格锻炼制度

根据幼儿不同的年龄，解剖生理特点，适时地开展体格锻炼，在医生指导下，进行“三浴”锻炼（空气浴和阳光浴结合体操游戏和其他户外活动进行，冷水浴结合洗澡、游戏进行），每日户外体育活动不少于一小时。户外活动：全托不少于三小时，日托不少于两小时。

3. 预防接种制度

根据各时期传染病流行情况，订出具体的预防措施，做到早预防、早发现，早隔离治疗，早报告、及时切断传染病源，严防扩散造成流行。

①医生须经常与防疫站联系，按时进行各种预防接种，做到接种率达100%，并认真做好建册记录和统计工作。

---

① 资料来源：贵阳市实验二幼

②新入托的幼儿，应完成入托前的预防接种方可入园。

③认真做好"幼儿计划免疫"工作，入托幼儿均建立"儿童计划免疫证"，于每次接种后清楚完整地登记入卡内，幼儿离院时给予带走。

④预防接种之前要充分做好准备工作，如统计好接种对象和有禁忌证的儿童的名单，注射器的严密消毒及处理过敏性反应的药物等。

4. 卫生消毒及隔离制度

(1)环境卫生

①建立健全室内外环境清扫制度，每天一小扫，每周一大扫，分片包干，定人、定点、定期检查。

②幼儿玩教具要保持清洁，定期要消毒、清洗。

③经常保持室内空气流通、阳光充足，冬天也要定时开窗通风换气，室内有防蚊蝇、防暑设备。

④厕所清洁通风，定时打扫并消毒。

(2)个人卫生

①幼儿每人一巾一杯，日常生活用品专人专用，做好消毒工作。

②幼儿饭前便后要洗手，保持手的清洁。

③饭后漱口，教育幼儿养成早晚刷牙的习惯。

④要求幼儿每周剪指甲一次，每天带干净的小手绢。

⑤要求幼儿服装整洁，被褥勤晒，床单每月洗一次。

⑥保护视力，室内要注意采光，损坏灯具等要及时修理，看电视时间不宜过长，不能离得太近，高度要适中。

⑦工作人员注意个人卫生，保持仪表整洁，勤洗头、勤洗澡、勤剪指甲，幼儿开饭前用肥皂洗手。

(3)消毒隔离制度

①凡体温38℃以上，或严重皮肤感染或患传染病的幼儿，须送医务室治疗，病愈后才能回班。

②传染病流行期间，根据情况采取预防措施，如口服预防药，搞好环境卫生、室内消毒等。

③发现传染病儿及时送医务室治疗，隔离班应在医生指导下进行全面消毒，检查期间不许全班上课、参加集会，该班工作人员不得串班。

④传染病儿在医务室治疗期间，所有的玩具、衣物、被褥等都要严格分开，于病儿离室后，要彻底消毒。

⑤在流行传染病期间，要加强与幼儿家长联系，要求其配合做好预防工作。

⑥工作人员患传染病时，须立即隔离治疗，病愈后经医院证明无传染病方可回院工作。若工作人员家中有传染病时，须报告领导，采取适当措施，防止把传染病带入园内。

⑦建立健全幼儿常见传染病登记本，全面了解易感儿，在以上传染病流行期间积极做好预防工作。

(二)制订班级卫生保健工作计划并严格执行

在各班的工作计划中，应将卫生保健工作计划作为一个组成部分，或者单独制订一个班级卫生保健工作计划。

资料链接 2-6

班级卫生保健工作计划

1. 指导思想

以《幼儿园工作规程》和卫生部、原国家教委颁布的《幼儿园、托儿所卫生保健管理办法》为工作依据，对照本市托幼机构保健标准条例，特制订本学期的保育保健工作计划，做到更新保育观念，规范保健工作管理，提高保健质量，为幼儿的身心健康发展提供保障。

2. 工作目标

①不断探索幼儿园的保育新路子，健全本园的卫生保健制度。

②加强保教人员的业务培训，不断提高保健质量。

③严格执行《中华人民共和国食品卫生法》和有关保健工作法规，杜绝食物中毒。

④做好每月一次的营养测算工作，使幼儿膳食平衡，努力使幼儿的身高、体重、血色素达标率为98%以上。

⑤严格控制各种传染病的发生，并做好预防工作。

3. 工作要点

(1)新生入园工作

把好新生体检关，做到入园幼儿健康合格率为100%，做好幼儿园教职工体检工作，做好预防接种登记工作。

(2)幼儿卫生习惯的培养

各班培养幼儿良好的卫生习惯(饭后漱口擦嘴、饭前便后洗手、勤剪指甲勤洗澡等)，要求每月一次换座位。

(3)幼儿体格检查工作

继续加强晨间检查和全日观察，努力做到一摸、二看、三问、四查，对患病幼儿做到及时发现，及时处理。观察幼儿的生长发育、健康情况，结合晨检，找出不利于幼儿生长发育的因素，及时加以干预，同时对体格检查中发现的疾病采取相应措施，做好幼儿体格评价工作。

(4)膳食工作

重视幼儿的营养。制定食谱做到膳食平衡，力求满足幼儿各种营养素的需要，选择好食品的种类，争取做到每天食物中所含蛋白质、脂肪、碳水化合物之间的比值合理，并且做好每月一次的营养计算，能根据上一月的营养分析，及时调整下一月的食谱，使幼儿得到全面吸收。

(5)家长工作

为了让家长对幼儿的膳食情况有进一步的了解，本学期我们将成立膳食委员会，以便对我们的工作提出一些宝贵意见，让我们更好地为幼儿服务，并在保健专栏中每周公布该周食谱。欢迎家长对我园的保健工作提出宝贵意见和建议。

(6)卫生消毒工作

做好经常性的卫生消毒。督促保育员做好室内外环境消毒清扫工作，定期检查，做到经常保持室内外空气流通，阳光充足。对幼儿所用物品按照常规做好消毒工作并保持清洁，以防污染。

(7)安全工作

执行接送卡制度。定期检查幼儿园玩具设施，及时消除隐患，确保幼儿游戏安全。

4. 月份工作安排

月份	内　容
9月	1. 开学准备工作：①教室、寝室的空气、地面消毒；②床铺清醒、整洁环境；③幼儿茶具、毛巾、餐具消毒
	2. 幼儿入园体检工作，做到体检率100%、入园合格率100%
	3. 制订卫生保健工作计划
	4. 购买好幼儿保健用品进行发放
	5. 做好新生入园体检工作和预防接种卡登记工作
	6. 召开新生家长会
10月	1. 做好秋季流行病预防工作，办好卫生宣传栏
	2. 保育员培训
	3. 针对体检情况加强对缺点儿进行矫治
	4. 常规检查(午餐、午睡、晨练、卫生等情况)
10月	5. 做好各类日常保健工作
11月	1. 家委会、膳委会会议
	2. 幼儿保教活动：幼儿自理服务劳动(穿衣、叠被、系鞋带)竞赛
	3. 常规检查(午餐、午睡、晨练、卫生等情况)
	4. 做好各类日常保健工作
12月	1. 常规检查(午餐、午睡、晨练、卫生等情况)
	2. 幼儿保教活动：参观厨房
	3. 做好各类日常保健工作
1月	1. 班级卫生评优活动
	2. 写好学期保健工作总结

(三)做好幼儿保健的常规工作

1. 定期进行健康检查，预防接种

班级教师配合幼儿园每个学期都要对幼儿进行定期的健康检查，以了解幼儿的健康状况，检查的结果应记录在案，如发现幼儿有某些方面的疾病或缺陷，应及时通知

家长。幼儿园还应和当地卫生部门联系，定时为幼儿预防接种，遇有流行病肆虐，班级要做好预防工作。

2. 基本的急救设施

各班可以准备一个保健箱，以便随时处理幼儿轻微的意外伤害。保健箱应放在固定的位置，并妥善保管。保健箱内要准备必要的器材和药品，并列明清单，贴于箱内，随时查对补充更换。

3. 日常卫生保健护理

保教人员要了解简单的急救知识和突发事件的处理程序，并严格执行。

资料链接 2-7①

日常卫生保健护理常识

(1)幼儿奔跑、跳跃时不慎跌倒，若伤口浅仅仅蹭破了表皮，只需将伤口处的泥沙清理干净即可。如果伤口较深有出血，应用自来水或生理盐水清洁伤口，并用酒精消毒伤口，处理后无须包扎。若伤势较严重，需去医院治疗。

(2)幼儿使用剪刀、小刀或触摸纸边、草叶和打碎的玻璃、陶器时，若手被划破，用干净的纱布按压住伤口止血。止血后，在伤口周围用75%酒精由里向外消毒，敷上消毒纱布，用绷带包扎。如果是玻璃器皿扎伤，应用清水清理伤口，用镊子清除玻璃碎片，消毒后进行包扎。

(3)幼儿若被带刺的花草、木刺、竹刺扎入皮肤，先将伤口用自来水或生理盐水清洗，然后用消毒过的针或镊子顺着刺的方向把刺全部挑、拔出来，不应有残留，并挤出淤血，随后用酒精消毒伤口。如果刺扎在了指甲里或难以拔除，应送医院治疗。

(4)幼儿的手指若被门、抽屉挤伤，若无破损，可用水冲洗，进行冷敷，并将受伤手指高举过心脏，以便缓解痛苦。若有出血，应消毒、包扎、冷敷。若指甲掀开或脱落，应立即去医院。

(5)幼儿若不慎将豆子、珠子等较小的异物塞入鼻中时，深吸一口气，用手堵住无异物的一侧鼻子，用力擤擤，异物即可排除。若异物未取出，切不可擅自用镊子夹取圆形异物，否则会将圆形异物捅向鼻子深出，甚至落入气管，危及生命。发现鼻腔异物马上去医院处理。

(6)小沙粒、小飞虫等入眼后，让幼儿轻轻闭上眼睛，切不可搓揉眼睛，以勉损伤角膜。教师清洁双手后方可为幼儿处理。沙粒沾在眼结膜表面时，可用干净柔软的手绢或棉签，轻轻拭去。若嵌入眼睑结膜囊内，则需翻开眼皮方能拭去：让幼儿向下看，用拇指和食指捏住他的眼皮，轻向上翻即可。若用以上方法仍不能取出异物，幼儿仍感极度不适，应立即去医院治疗。

---

① 《幼儿园保教人员工作指导手册》，贵阳，贵阳市教科所，2011

(7)小石块、纽扣等异物塞入幼儿耳道时，可用倾斜头、单腿跳跃等动作将物品取出。若无效，应上医院处理。切不可用小棍捅、用镊子夹，否则易损伤幼儿外耳道及鼓膜。若外耳道异物为小昆虫，可用强光接近幼儿的外耳道，或吹入香烟的烟雾将小虫引出来。若无效应立即上医院。

(8)幼儿气管有异物时，会出现呛咳、吸气性呼吸困难、憋气、面色青紫等现象，若发生在年龄较小的幼儿身上，可将其倒提起来，掐背。若发生在年龄较大的幼儿身上，可让其趴卧在成人腿上，头部向下倾斜，成人轻拍其后背，或成人站在患者身后，用两手紧抱幼儿腹部，迅速有力地向上勒挤。若仍不能取出，应立即送往医院处理。

(9)咽部异物最好用镊子取出，切不可采用大口吞饭的做法，否则会使异物越扎越深，出现危险。若无法取出，应立即上医院处理。

(10)被蚊子咬伤时可用清凉油、绿药膏、氨水等涂于患处。被蜂刺伤时，伤口处疼痛红肿，此时可先用橡皮膏将皮肤中的刺粘出来，然后用肥皂水涂于伤处。若为黄蜂蜇伤，可将食醋涂于伤处。

(11)幼儿惊厥的表现通常是突然发作，意识丧失，头向后仰，眼球凝视，呼吸细弱且不规则，口唇青紫，四肢和单侧或双侧面部抽动，持续时间可由1～2分钟到十几分钟甚至几十分钟不等。幼儿惊厥后，成人不可大声呼叫或用力摇晃、拍打幼儿。应采取以下措施：

①让幼儿侧卧，便于及时排出分泌物，防止异物入气管。同时，松开衣领、裤带，保持血液循环的畅通。

②不要紧搂幼儿，可轻按幼儿抽动的上下肢，避免幼儿从床上摔下。

③将毛巾或手绢拧成麻花状放于上下牙之间，以免幼儿咬伤舌头。但如果病儿牙关紧闭，无法塞入毛巾，不可硬撬。

④随时擦去痰涕。

⑤用针刺或重压人中穴，即唇沟的上1/3处。

⑥在急救处理的同时，应做好上医院的准备。

(12)幼儿中暑出现头痛、耳鸣、眼花口渴甚至昏迷时：

①应将病儿移至阴凉、通风处，解开其衣扣、让其躺下休息。

②用凉毛巾冷敷头部，用扇子扇风，帮助散热。

③让病儿喝一些清凉饮料，或口服十滴水、人丹等。

(13)幼儿玩耍头部摔伤出血时，马上用一块清洁的纱布轻轻按住伤口，以达到止血的目的，并及时送医院。摔伤后未见出血，成人要对幼儿进行24小时的密切观察，如果出现以下症状应及时送往医院急救：

①有恶心、呕吐的现象。

②有过意识丧失的现象或正处于意识丧失的状态。

③头部剧烈疼痛。

④眼、耳、鼻周围有出血症状。

⑤有抽风、麻痹、语言障碍等症状。

⑥教育幼儿摔伤头部后务必及时告诉成人。

(四)加强体格锻炼，提高幼儿的健康水平

注意幼儿日常生活中的体格锻炼，如户外游戏、散步、早操、早锻炼等。

开展专门的体格锻炼——“三浴”锻炼，即日光浴、空气浴、冷水浴，这是指利用日光、空气、水等自然因素进行的体格锻炼。

幼儿体格锻炼要遵循循序渐进的原则，有步骤、有计划地进行，并注意体格锻炼中幼儿的个别差异，加强个别教育和个别护理。

本章小结

1. 安全就是生命。安全工作是幼儿园的重中之重，做好安全工作才能保证入园幼儿身心健康的发展。幼儿园班级安全措施大致有：①强化保教人员的安全意识和责任心；②注重环境安全，消除事故隐患；③重视幼儿一日活动各个环节的安全管理与教育；④做好家长工作、形成家园教育合力。

2. 班级日常卫生保健工作的内容有：①做好晨间检查和幼儿每日的健康状况观察；②为幼儿创设良好的物质生活环境和精神心理环境；③对幼儿进行生活的护理和良好生活卫生习惯的培养；④保持与家长的联系和配合。

3. 班级日常卫生保健工作的落实：①认真执行卫生保健制度。②卫生保健工作计划的制订、执行和总结。③做好幼儿保健的常规工作。④加强体格锻炼，提高幼儿的健康水平。

练习与实践

一、简答题

1. 幼儿园班级安全管理的措施是什么？
2. 培养幼儿安全行为的途径有哪些？
3. 如何做好班级卫生保健工作？
4. 怎样进行晨检及每日幼儿健康状况观察？

二、实践探索

1. 案例讨论

【案例】

某幼儿在奔跑中跌伤严重。伤口大、出血多，且出现呕吐、嗜睡等症状。遇此情况，该班教师用其使用过的手绢帮其包扎，并留班观察该幼儿。

请阅读上述案例，并讨论：

(1)这位教师处理措施是否得当？

(2)应该如何对外伤幼儿进行正确救护？

2. 案例分析

【案例】①

2007年12月23日早晨，蓬莱市民赵某、王某夫妇二人像往常一样，把3岁的儿子小明(化名)送到幼儿园。因为小明已经感冒了七八天了，一直未康复，赵某夫妇俩对孩子很担心，但放在家里又没有人照看，忙于上班的他们只好把孩子送到幼儿园。23日上午，小明并没有什么异常，中午午睡时也表现得很平静，下午两点多钟时，幼儿园老师像往常一样叫孩子起床，当她走到小明身边时，发现他脸色苍白，摇了几下没有反应，幼儿园老师见状赶紧拨打了120，当医生赶到幼儿园时，发现小明已停止了呼吸和心跳，紧急抢救了一个多小时，小明仍然没有任何生命体征，医生诊断小明的死亡是感冒引发的突发性心肌炎所致。

请仔细阅读上述案例，并分析：

(1)造成事故的原因是什么?

(2)在事件发展的过程中，家长应该怎样做?老师应该怎样处理?

阅读推荐

1. 张燕，邢利娅．幼儿园管理案例及评析．北京：北京师范大学出版社，2005.

本书从幼儿园管理的宏观和微观方面入手，精选出154个案例，逐个加以分析和点评；其中幼儿园制度建设、幼儿园公共关系及依法制园等方面的内容对本章的学习有重要参考价值，可以帮助解除工作中的一些困惑。

2. 王普华．幼儿园管理．北京：高等教育出版社，2010.

本教材在梳理管理理论的基础上，从理论和实践的结合上有所突破，形成完整的管理概念，渗透最新的管理理念，突出操作性、实用性。其中第六章幼儿园卫生工作管理，包括幼儿园卫生保健工作的意义、内容、要求与程序以及幼儿园安全工作，对幼儿园班级健康安全工作管理的学习有重要的参考价值。

① 孙小金:《幼儿园安全管理与纠纷防范处理全书》，吉林，吉林音像出版社，2004

第三章　幼儿园班级一日活动管理

学习目标

- 了解幼儿园班级一日活动的内容及组织原则。
- 了解幼儿园班级一日活动作息时间安排。
- 理解幼儿园班级一日活动环节组织要求。
- 掌握幼儿园班级一日活动实施方法。

关键问题

1. 幼儿园一日活动有哪些内容？
2. 在一日生活的各个环节如何培养幼儿良好的习惯？
3. 如何有效实施幼儿园一日活动？

案例

1987年的巴黎，75位诺贝尔获奖者相聚，记者问一位诺贝尔获奖者："您在哪所大学学到了您认为最重要的东西？"老人莞尔一笑回答："在幼儿园。""在幼儿园学到什么？""学到把自己的东西分一半给小伙伴，不是自己的东西不要拿，用过的东西要放回原处，吃饭要洗手，做错事要表示歉意，午饭后要休息，要仔细观察大自然，我学到最重要的东西就是这些。"

幼儿园教师的工作是平凡的，但每一个孩子从幼儿教师那里得到的，将会影响他们终身。

第一节　一日活动的内容及组织原则

幼儿园一日活动是实施幼儿园保育教育的主要途径，是每日保教活动的总和。《幼儿园工作规程》明确规定："幼儿园应制定合理的幼儿一日生活作息制度。"我们认为它不仅是幼儿园的基本工作方法，也是保教人员开展工作的必要依据，更是完成幼儿全面发展教育任务的重要保证。而制定合理的幼儿一日生活作息制度仅仅是第一步，要使合理的作息制度真正发挥教育作用，主要还在于保教人员如何掌握执行。

一、一日活动的内容

一日活动是指幼儿从来园到离园的整个过程，包括来园、体育锻炼、盥洗、进餐、如厕、睡眠、学习、游戏、离园等各项活动。

(一)生活活动

生活活动是满足幼儿生命基本需要的活动，在生活活动中培养幼儿生活自理、与人交往、自我保护等能力和规则意识，养成健康的生活习惯。

主要生活环节：来园、饮水、如厕、盥洗、餐点、散步、睡眠、离园。

(二)运动活动(体育活动)

运动活动是指在幼儿园一日活动中，采用早操、器械运动、自然因素锻炼等形式，培养幼儿对运动活动的兴趣，增强幼儿运动能力和适应环境的能力，提高幼儿身体素质的日常运动活动。

主要形式：早操、户外体育活动、体育课、“三浴”锻炼等。

(三)游戏活动

游戏活动主要指在幼儿园一日生活中幼儿自发、自主、自由的实践活动，它能满足幼儿身心发展的需要，能发展幼儿的想象力、创造力和交往合作能力，促进幼儿情感、个性健康地发展。

游戏活动可分为：创造性游戏(角色游戏、结构游戏、表演游戏)和有规则游戏（体育游戏、智力游戏、音乐游戏)。

(四)学习活动

学习活动是指教师有目的、有计划地发起的、采用集体活动形式组织的师幼互动活动，或在教师引导下的同伴互动活动，旨在促进幼儿同伴分享交流，提升幼儿经验，强化学习体验，引导幼儿主动探索，促进每个幼儿在不同水平上得到发展。

主要形式：集体教学活动、小组活动、教师指导的区域活动、种植活动、社区活动等。

(五)自由活动

自由活动是在幼儿的一日活动中安排一定的个人自由活动时间，创设自由活动的条件、满足幼儿的各种需要，给予他们游戏的自由、活动的自由、交往的自由，让他们能按自己的兴趣、爱好选择活动，丰富自己的经验、促进个性自由发展的一种活动形式。

二、一日活动的安排、组织原则

幼儿园一日活动的组织安排应尊重幼儿人格与权利，尊重幼儿身心发展规律，关注生命需要，关注个别差异，保教并重，为幼儿提供健康、丰富的生活和活动环境，促进每个幼儿富有个性的、持续的发展。

一日活动的安排、组织原则：

第一，日托幼儿园幼儿在园时间不少于9小时。

第二，保证幼儿睡眠时间，每日午睡两小时。

第三，保证幼儿户外活动时间两小时以上。(其中1小时为体育锻炼时间)

第四，安排好幼儿自由活动时间，灵活采用集体、小组、个别活动等方式，活动做到动静交替，室内外交替。集中活动与自主活动交替的原则。

第五，保证幼儿进餐间隔时间不少于3.5小时。

以下是某幼儿园小班一日活动安排表(见表3-1)，仅供参考。

表3-1　××幼儿园小班一日活动安排表

时　间		内　容	时　间		内　容
上午	7：35～7：40	入园准备	上午	11：40～12：00	餐前准备
	7：40～8：10	入园		12：00～12：30	午餐
	8：10～8：20	餐前准备		12：30～12：40	睡前活动
	8：20～8：50	早餐	下午	12：40～14：50	午睡
	8：50～9：10	自由活动		14：50～15：20	起床
	9：10～9：30	教学活动		15：20～15：30	餐前准备
	9：30～9：50	运动前准备		15：30～15：50	午点
	9：50～10：00	间操		15：50～16：20	游戏活动
	10：00～11：10	户外活动游戏		16：20～17：10	户外自选活动
	11：10～11：20	自由活动		17：10～17：20	离园前整理
	11：20～11：40	室内游戏、区域活动		17：20～18：00	离园

第二节　幼儿园一日活动环节组织要求

幼儿园班级要做到科学合理地安排和组织一日活动，建立良好的常规，即要对幼儿每天活动的内容、时间、程序等均有明确的规定，使幼儿一日活动能保证在一定的节奏、一定的秩序和一定的规律中进行，让幼儿知道什么时间该干什么事，什么事能做，什么事不能做；这有利于培养幼儿良好的生活习惯和基本生活自理能力。

一、生活活动

生活活动重视幼儿良好行为习惯的培养，以及在习惯形成中的积极的情感体验；

重视幼儿在共同生活中对交往、礼仪、规则、环保、安全等的认识与培养；重视在日常生活中为幼儿创设“做力所能及的事”的条件与环境。

生活活动的基本要求：

其一，根据幼儿生理和心理发展的需要，建立科学的一日生活常规，既有利于形成集体生活秩序，又能满足幼儿个别的合理需要，不强求一律、整齐划一；引导、支持和鼓励幼儿参与生活规则的建立。

其二，组织和指导幼儿的生活活动时，要进行充分的预设和准备，减少不必要的等待现象，避免隐性和显性的时间浪费；要满足幼儿受保护的需要和独立的需要，避免包办代替。

其三，确保幼儿生活活动安全，有处理突发事件的应对措施。

二、运动活动

运动活动强调培养幼儿对运动的兴趣，强调幼儿体质的增强和综合运动能力的培养，强调在运动中培养幼儿大胆、自信、勇敢的个性心理品质。强调充分利用自然环境各种因素进行锻炼。每天不少于一小时户外体育活动。

运动活动的基本要求：

其一，根据本班幼儿的身心发展特点和需要，以本班幼儿运动的兴趣和态度、动作能力、运动的卫生常识为目标，有目的、有计划地设计和组织适合本班幼儿的运动活动。

其二，遵循幼儿身体机能的变化规律，重视在活动过程中通过幼儿自主、探究、合作式的学习方式等，通过身体动作来学习、体验、获得运动的知识，发展动作能力，培养幼儿对体育活动的兴趣和坚持锻炼的习惯。

其三，科学组织幼儿运动活动，掌握幼儿的运动量、时间、强度和密度，循序渐进，确保幼儿运动活动中的安全。

其四，城乡各类型幼儿园根据本园的师资条件和场地、器械条件，尽力收集民间的体育活动和体育游戏；充分利用日光、空气、水等自然因素，以及本地自然地理环境；利用现有自然物和无毒废旧物自制运动活动材料，积极开展适合幼儿的、丰富多彩的体育活动。

三、游戏活动

游戏是一种基于幼儿个体内在需要的自发自主性活动，是促进幼儿身心发展的重要途径，幼儿园以游戏为基本活动。教师的任务主要是通过观察幼儿的游戏了解幼儿，通过环境的创设和适当的介入支持幼儿的游戏，更好地促进幼儿的发展。幼儿园要保证幼儿游戏的时间。

游戏活动的基本要求：

其一，以游戏为幼儿基本活动，保证幼儿愉快的、有益的游戏和自由活动时间，根据幼儿的年龄特点、实际经验和兴趣，创设游戏环境，选择幼儿游戏内容。

其二，因地制宜，就地取材，为幼儿提供安全、卫生、有教育性的游戏材料和自制玩具。游戏材料应强调多功能和可变性。

其三，加强游戏过程中的观察，并采用直接指导、交叉指导、平行指导等方式给予幼儿适当指导。

其四，开展多种类型的游戏活动，保证建构游戏、角色游戏、表演游戏等创造性游戏与体育游戏、智力游戏、音乐游戏等规则性游戏间的平衡。

四、学习活动

学习活动是有目的、有计划引导幼儿学习、探索的过程，学习活动强调各领域内容的有机联系，强调幼儿直接体现的过程，强调激发幼儿学习的兴趣和探索意识，使幼儿在自主活动的基础上，积累和扩展感性经验，从而促进情感、态度、能力、知识、技能等方面的发展。

学习活动的基本要求：

其一，根据教育目的、幼儿的实际水平和兴趣，以循序渐进为原则，有目的、有计划地组织幼儿参与学习活动，保证学习活动内容的平衡性与整体性。

其二，积极发挥幼儿多种感官的作用，充分利用周围环境的有利条件，提供充足的动手操作材料，保证幼儿充分活动的机会。

其三，遵循幼儿学习的特点，注重活动的过程，注重幼儿的实践活动，采用合作、交流、探索等活动方式开展活动。

其四，灵活地运用集体联合活动、小组合作活动、结伴互动活动等组织形式，为幼儿提供交流和表现能力的机会与条件。

五、自由活动

《幼儿园纲要》强调要保证幼儿每天有适当的自主选择和自由活动的时间。

自由活动是尊重幼儿的自由性、自发性、自动性，对活动的场所、内容、方法不作统一规定，让他们按自己的意愿去想、去说、去做，培养他们的自信心、独立性、创造性，从而丰富经验，发展个性。

自由活动的基本要求：

其一，合理安排好集体活动与自由活动。不能用集体活动代替自由活动，也不能用自由活动代替集体活动。

其二，自由活动中要处理好教师和幼儿的关系。要求教师在设计和实施自由活动的过程中，将幼儿始终视为现实的、活生生的人，让幼儿真正成为活动的主体，自由自觉地参与活动，在活动中得到发展。教师要充分发挥主导作用，成为了解幼儿的观察者、适宜环境的创设者、教育任务的执行者及施加影响的教育者。

其三，自由活动的形式和内容应是多样的。内容的选择应贴近幼儿生活，以最新信息和幼儿现实需要的种种直接经验为题材，重视游戏内容的开展。内容的组织可采取集体活动、小组活动、个别活动、自愿选择活动等多种形式，不要拘泥于个人自选活动。

一日活动行为细则如表 3-2 所示。

表 3-2　幼儿园一日活动常规要求

类型		幼　儿	教　师	
			教育环节	保育环节
生活活动	入园	1. 衣着整齐，按时、愉快来园，愿意接受晨检 2. 有礼貌地向老师、同伴问好，与家长告别 3. 主动参加晨间活动 4. 认真做操，动作到位，主动参加晨间活动	1. 亲切热情接待幼儿、家长，与孩子拥抱问好，与家长简单交谈，做好交接手续 2. 观察幼儿情绪、神态，了解幼儿的健康状况，检查有无带危险物品来园 3. 组织幼儿做值日生工作，照顾自然角 4. 清点幼儿出勤情况，与未到园幼儿的家长取得联系，了解原因，做好缺勤登记	1. 开窗通风，保持空气流通；根据季节提前做好防寒保暖、防暑降温工作 2. 室内外清洁做到“六净”：地面、桌椅、门窗、玩具柜、口杯架、毛巾架，保持整洁 3. 做好当日餐巾、口杯、洗脸巾的消毒工作，保证幼儿人手一杯、两巾 4. 准备足量的、安全的饮用水
	饮水	1. 愿意定时饮水，需要时会主动喝水 2. 用个人专用口杯正确的取水，不喝生水 3. 喝水时不喧哗、不打闹、不玩耍、不浪费水 4. 喝完后会将口杯放回固定的地方	1. 运动后、上下午各组织一次集体饮水，提醒并允许幼儿随时喝水 2. 观察幼儿饮水量，保证幼儿日饮水量达 800～1500 毫升以上 3. 指导幼儿安全有序地取水 4. 注意不能在剧烈运动后立即让幼儿饮水	1. 提醒、帮助幼儿正确取水和取放口杯 2. 引导和帮助幼儿按需饮水，提醒有特殊需要的幼儿多饮水 3. 保温桶每天清洗，幼儿个人专用饮水杯每天清洗并消毒一次 4. 保证班上随时有温度适宜的饮用水，及时提醒幼儿喝水，掌握幼儿饮水量 5. 使用饮水机，每 15 天就要进行一次饮水机内外全面消毒
	盥洗	1. 饭前便后、手脏时会自觉洗手，随时保持手、脸清洁 2. 按秩序进入盥洗室 3. 会使用水龙头，正确的洗手 4. 不玩水，不浪费水，保持地面、服饰干爽 5. 会用毛巾擦手，中大班幼儿学会自己搓拧毛巾	1. 组织幼儿有序地进入盥洗间 2. 将正确的盥洗方法，以及爱清洁、节约用水等教育用图示、图像、简单文字、童谣等简明形象的方式，呈现在幼儿盥洗处，并提醒幼儿遵守 3. 指导幼儿正确的洗手方法，关注能力弱的幼儿，对不同的幼儿给予相应的帮助 4. 检查或指导中、大班值日生检查盥洗结果	1. 做好盥洗准备，保证幼儿用肥皂、流动水洗手，用消毒毛巾洗脸 2. 随时保持盥洗室的干燥，做好防滑工作

续表

<table>
<tr><th colspan="2" rowspan="2">类型</th><th rowspan="2">幼儿</th><th colspan="2">教师</th></tr>
<tr><th>教育环节</th><th>保育环节</th></tr>
<tr><td rowspan="2">生活活动</td><td>餐点</td><td>1. 愉快、认真地进食，不边吃边玩，不大声讲话
2. 愿意独立进食，不依赖教师
3. 学会正确使用餐具：一手拿勺子（中大班使用筷子），一手扶住碗
4. 进食时会细嚼慢咽，饭和菜搭配着吃，不吃汤泡饭
5. 不挑食，不偏食，不剩饭菜，不过量进食
6. 保持桌面、地面和衣服清洁，骨头、残渣放在渣盘里或堆在一起
7. 吃完饭再站起来，轻放椅子，离开饭桌，将餐具、渣盘放到指定地点，清理好自己的桌面
8. 餐后会正确使用餐巾，用后放在规定的位置
9. 进餐后用温开水正确漱口</td><td>1. 组织幼儿按时进餐，两餐间隔时间不少于三个半小时
2. 餐前可进行讲故事、念儿歌、听轻音乐等安静活动，让幼儿有一个良好的进餐环境
3. 进餐前15分钟提醒幼儿结束活动，做好盥洗，准备进餐
4. 指导值日生分发餐具、餐巾，轻拿轻放，摆放整齐
5. 掌握每餐食谱，向幼儿介绍当餐食品营养，激发幼儿进餐欲望
6. 分发饭菜要戴口罩，掌握幼儿进食量，根据幼儿进食量分饭菜和少盛多添原则，有秩序地分发
7. 鼓励幼儿独立、积极的进餐，不催促幼儿用餐，提醒幼儿在用餐时间内进餐完毕（中大班30分钟，小班40分钟）
8. 观察照顾幼儿进餐，轻声、和蔼地指导幼儿正确使用餐具；观察进食量，纠正不良进餐习惯，如偏食、挑食行为。鼓励幼儿吃完自己的一份饭菜，提醒吃饭慢的幼儿吃饱吃好
9. 对有特殊进餐要求的幼儿给予个别照顾，及时做好调整
10. 提醒幼儿饭后将餐具摆放整齐、擦嘴、漱口
11. 餐前餐后半小时不做剧烈运动，有计划地组织餐后活动</td><td>1. 分餐前用肥皂洗手，每餐（点）前10分钟做好桌面消毒工作
2. 提供的食物温度适中，避免食物过烫、过冷，严禁进食不卫生食物。避免餐具造成的划、戳伤
3. 领取和分发餐（点），必须戴好口罩，使用食品夹或消毒筷；应做到分盘，随到随分、随吃随分
4. 保证每个幼儿吃饱、吃好、吃足营养量。掌握幼儿进食情况，鼓励食量小的幼儿，控制暴食幼儿，不给幼儿吃汤泡饭
5. 督促指导幼儿餐后漱口
6. 幼儿进餐时，不拖地，不扫地
7. 所有幼儿进餐结束后及时送回碗筷，收拾餐桌，清扫地面，清洗餐巾和漱口杯并进行消毒</td></tr>
<tr><td>睡眠</td><td>1. 能独立或在帮助下按顺序地穿脱衣裤
2. 学会分清衣裤前后，会拉拉链、会扣纽扣
3. 学会穿鞋：分清左右脚，拉好鞋舌、脚伸进鞋、拔起后跟、系好鞋带或粘好鞋扣</td><td>1. 为幼儿营造良好的睡眠环境，排除环境中的危险因素
2. 组织幼儿安静入寝，进行午检，要求幼儿不带异物上床，注意幼儿的身体、情绪状况
3. 指导或帮助幼儿有序地穿脱衣、裤、鞋、袜，并提醒幼儿将其放在指定的位置</td><td>1. 保持睡眠环境通风，根据气候调整好卧具，根据室内温度及时增减幼儿被褥，保证幼儿一人一床一被，保持被褥清洁、干燥
2. 随时保持寝室清洁与整洁。每天一小扫、每周一湿性清扫，每周用消毒液擦拭幼儿床一次</td></tr>
</table>

续表

类型		幼　儿	教　师	
			教育环节	保育环节
生活活动	睡眠	4. 睡前、起床后，能按要求折叠好衣裤、被盖 5. 睡眠时衣着适当，睡姿正确 6. 不带小玩物上床，不东张西望，不蒙头、吮手、咬被角等	4. 护理体弱幼儿，观察带病幼儿，发现神色异常要及时处理并报告 5. 照顾入睡困难的幼儿，上床半小时后班级入睡率达到 90%以上 6. 看睡时动作轻，不大声说话，不能以任何借口离岗、做私活、会客、吃零食、睡觉等 7. 细心观察幼儿午睡情况，对睡眠不好的幼儿要仔细观察，发现不适及时处理，随时巡查为幼儿盖好被子，教给孩子正确的睡姿，纠正幼儿不良睡眠习惯 8. 轻声提醒常尿床的幼儿起床如厕，发现幼儿尿床要及时换洗 9. 随时保持室内空气新鲜，天暖无风时可打开窗户，拉上窗帘，但应避免对流风吹在幼儿身上。夏天酷热时(气温超过 33℃)可使用空调，室温不低于 28℃，随时准备柔软毛巾为幼儿轻轻擦去汗水 10. 组织幼儿按时起床，可做 3～5 分钟的起床操。起床时观察幼儿情绪有无异常，指导幼儿穿衣，整理床铺，提醒、帮助起床动作慢的个别幼儿。起床后检查幼儿的仪表服装及鞋袜，指导、帮助幼儿梳头，组织幼儿喝水，组织安静活动	3. 轻声提醒常尿床的幼儿起床如厕，发现幼儿尿床要及时换洗、晾晒 4. 指导幼儿正确折叠被子
	如厕	1. 逐渐学会自理大小便，解便入池 2. 解便时不弄湿自己和同伴的衣裤，便后会用手纸自前向后擦屁股，会整理服装 3. 便后会用肥皂(洗手液)流水洗手 4. 不在厕所逗留、玩耍 5. 大小便有异常情况能主动告诉教师和保育员	1. 指导幼儿正确使用便纸，提醒或帮助幼儿整理好衣裤，便后洗手 2. 观察幼儿的大便情况。发现异常，及时与家长联系并做好记录 3. 掌握幼儿的大小便习惯，及时提醒幼儿如厕，特别提醒容易遗尿的幼儿解便 4. 指导幼儿掌握正确的如厕姿势，大小便入池，正确使用手纸，脱、提裤子 5. 指导中、大班幼儿独立如厕，便后冲厕所	1. 督促幼儿便后用流水洗手 2. 准备好卫生纸，方便幼儿随时取用 3. 及时为遗尿的幼儿更换和清洗衣裤 4. 保持厕所清洁通风，随时清洗、消毒，做到清洁、无异味

续表

类型		幼儿	教师	
			教育环节	保育环节
生活活动	离园	1. 愉快离园，主动使用礼貌用语向同伴、老师说再见 2. 学习整理好自己的物品 3. 不跟陌生人走 4. 与家长交流当日在幼儿园的生活及活动情况	1. 安排适宜的离园前活动 2. 帮助幼儿整理仪表仪容，检查幼儿服装穿戴是否干净、整洁适宜，提醒幼儿收拾好自己的物品，有礼貌地向教师和小朋友告别 3. 热情接待家长，及时回复家长嘱咐的事宜，随机和家长交流幼儿当日在园情况 4. 严格确认接幼儿的家长，遇有陌生人来接，用电话或其他可信方式进行确认 5. 做好个别特殊幼儿的交接，向家长详述幼儿在园的生活及活动情况，提出希望得到家长配合与支持的要求和具体方法 6. 当幼儿在园内发生特殊的突发事件时，教师必须在第一时间内主动与家长联系，客观地汇报幼儿的相关情况，积极主动地争取得到家长的理解与配合，保留好相关资料，做好相关记录，认真地妥善处理善后事宜 7. 待所有幼儿离园后，再做好次日各项活动的准备，收拾整理教室，关好门、窗、水、电	1. 清理幼儿物品，做好幼儿离园准备工作 2. 待幼儿完全离开活动室后开始做活动室清洁，及时清除垃圾、污物。清洁工具要专用，拖把、抹布每次用后及时清洁、消毒，干燥保存 3. 坚持每天用紫外线对活动室、寝室消毒一次，消毒时要确定室内无幼儿，关好门窗，并做好记录 4. 关好门、窗、水、电
运动活动	早操	1. 做好操前服饰准备，会检查自己的衣服、鞋子是否穿好 2. 值日生能协助保育员准备早操器械 3. 能愉快地参加早操活动，认真并有精神 4. 做操有节奏，动作到位，协调有力，能充分活动身体的各部位 5. 能遵守早操规则，排队有序，会听信号、口令并做动作	1. 早操编排结构合理，根据不同年龄段幼儿的特点编排不同的活动内容。应包括准备活动、队列练习、两套操节(小班为徒手操和模仿操，中大班为徒手操和轻器械操)及分散活动等 2. 提醒并检查幼儿是否做好早操前准备，冬季需要拿掉帽子、取下围巾、手套等，检查幼儿衣服、鞋子是否穿好 3. 有序地组织早操活动，口令规范，精神饱满，示范正确。面向全体幼儿，也可指导中、大班幼儿轮流带操 4. 运动量要适当，早操后幼儿有脉搏加快、身体发热反应 5. 时间适宜，中大班活动时间15～20分钟，小班12～15分钟	1. 早操前检查场地、器械安全。指导值日生在早操前按要求摆放器械，在早操后整理收拾活动器械 2. 观察幼儿的活动量，巡回抚摸幼儿的头、颈、背部，提醒或帮助幼儿增减衣物，特别关注体弱幼儿 3. 不穿高跟鞋，不穿裙子，衣服长短适中，不披发，服饰符合早操活动要求

续表

类型		幼　儿	教　　师	
			教育环节	保育环节
运动活动	早操	6. 会选择器械活动，并和同伴合作活动 7. 身体出汗时知道脱衣服，不适时主动告诉老师 8. 做完操后会主动收拾整理活动器械	6. 随时观察幼儿早操情况，做到三看(看情绪、看动作质量、看动作力度)；三提示(提示动作、提示增减衣物、提示运动卫生及安全) 7. 指导幼儿选择和按规定收拾器械 8. 不穿高跟鞋、不穿裙子、衣服长短适中、不披发，带操服饰符合早操活动要求	4. 随时观察幼儿活动情况，及时处理幼儿的安全或身体不适等突发事件
	户外体育锻炼	1. 愉快地参与体育活动，主动活动身体 2. 正确使用活动器械，尝试新玩法，并和同伴一起活动 3. 有安全意识，不做危险动作，不用器械与同伴打闹等 4. 有自我保护意识，知道身体出汗时脱衣服或有不适时主动告诉老师，知道简单的自我保护方法 5. 遵守体育活动规则 6. 会收拾整理活动器械	1. 一周内开展体育课、体育游戏、器械活动、散步等多种类型体育活动。保证开展走、跑、跳、钻、爬、投掷、平衡等各种发展幼儿基本动作的活动 2. 自制或提供各种户外体育活动器具，课前根据目标提前准备活动器材，根据幼儿活动需要保证足够的体育活动材料：小型器械人手一套、较大型器械小组一套 3. 保证每天的户外活动时间不少于两小时，其中体育活动不少于1小时，且活动分段进行 4. 合理利用户外体育活动场地，保证幼儿足够、安全的活动空间。幼儿在户外活动中，要全神贯注，不得随意离开幼儿。建立适宜的运动活动常规，提醒幼儿注意安全，督促幼儿遵守 5. 引导幼儿多通过身体动作参与、体验、探究、合作式的活动，减少过多的示范讲解 6. 有目的地观察幼儿参加体育活动的兴趣、动作发展、习惯、安全意识、意志品质等实际情况，做出积极的应对和调整 7. 控制好活动中幼儿运动量，注意动静交替，逐渐增加活动量和活动强度，防止突然运动或剧烈运动造成的拉伤、扭伤或身体不适等，如有意外发生，立即上报 8. 根据幼儿情况，适当脱衣服，给幼儿塞好毛巾，对汗湿的幼儿要提醒更换衣服 9. 衣着宽松、舒适，便于运动，不穿高跟鞋，保证活动自如 10. 指导幼儿做好活动后的整理	1. 准备和检查场地、器械的安全 2. 活动前检查幼儿服饰和鞋带 3. 观察幼儿的活动量，随时提醒或帮助幼儿增减衣物，及时为出汗幼儿隔背，特别关注体弱幼儿 4. 做好幼儿活动后的护理工作：督促幼儿洗手，用温度适宜的干净毛巾给幼儿擦面，增加衣物，饮水等

续表

类型	幼儿	教师	
		教育环节	保育环节
游戏活动	1. 与同伴友好玩耍，愿意与同伴分享游戏材料和经验 2. 能自主选择游戏内容、材料、同伴、角色、场地等，自主选择进行游戏 3. 参与游戏材料的收集与准备 4. 爱护和正确使用游戏材料。会轻拿轻放，会物归原处，叠放整齐，会归类整理玩具 5. 能遵守游戏的规则 6. 学习解决游戏中的问题，能克服困难，坚持游戏	1. 创设丰富适宜的游戏区角，指导幼儿自制玩具，丰富游戏材料，保证充足的游戏时间 2. 平衡一周内各类游戏活动，保证幼儿主动性游戏活动。有计划有步骤地采用集体游戏、个体游戏、小组游戏、自由游戏形式组织幼儿游戏活动，并进行重点指导和观察 3. 保证游戏活动的空间及场所，游戏材料的投放数量足，种类全，体现自制。定期添置和更换游戏材料 4. 注意观察了解幼儿游戏中蕴藏的发展需要，挖掘教育价值，拓展游戏主题，支持幼儿自己解决在游戏中发生的问题 5. 培养幼儿良好的游戏习惯，交往习惯和文明礼貌行为。在游戏中能遵守规则，与同伴合作、谦让，分享，感受角色扮演的快乐。提醒幼儿正确运用玩具，注意安全保护。游戏后指导幼儿分类收拾玩具，整理场地，培养初步的秩序感和责任感	1. 游戏活动前作好游戏前材料、场地等准备 2. 观察幼儿游戏与场地安全因素，活动中随时给幼儿增减衣物 3. 带领幼儿收拾、整理游戏活动材料
学习活动	1. 积极参与活动，能动用各种感官参与活动 2. 在老师或家长的指导下尝试多途径收集信息，并参与做好有关活动材料的准备 3. 乐于交流与分享自己的经验和想法 4. 遵守集体活动规则 5. 有良好的倾听习惯、发言习惯，用眼、握笔、坐立姿势正确 6. 能正确地使用和整理活动材料或用具	1. 根据教育目的、幼儿的实际水平和兴趣，以循序渐进为原则，有目的有计划地组织幼儿参与学习活动，保证学习活动内容的平衡性与整体性 2. 积极发挥幼儿多种感官作用，充分利用周围环境的有利条件，提供充足的动手操作材料，保证幼儿充分活动的机会 3. 遵循幼儿学习特点，注重活动的过程，注重幼儿的实践活动，采用合作、交流、探索等活动方式开展活动 4. 灵活地运用集体联合活动、小组合作活动、结伴互动活动等组织形式，为幼儿提供交流和表现能力的机会与条件	1. 活动前摆放活动所需材料，安排场地等 2. 活动过程中指导幼儿参与活动、指导过程中走动位置恰当，声音轻柔，不影响幼儿活动 3. 指导或帮助幼儿作好活动结束后的收拾、整理工作

续表

类型	幼儿	教师	
		教育环节	保育环节
自由活动	1. 自主选择活动，能按自己的意愿大胆表现 2. 不离开集体太远，不到危险的地方玩，不使用危险器具 3. 活动结束后，把玩具、材料放回原处。保管好自己或朋友的玩具	1. 保证时间，提供条件，尊重选择 2. 观察幼儿行为，情绪表现，随机给予指导、教育，培养幼儿的自主性、创造性，促进个性的发展 3. 让每个幼儿的活动在教师观察视野以内 4. 观察幼儿的交往情况，喜欢什么玩具，是否爱惜。是否有与同伴交换玩具的意识和行为 5. 可参与幼儿活动，进行个别沟通、交流	1. 注意幼儿的安全 2. 提醒幼儿饮水

资料链接 3-1

一日生活的主要环节

1. 入园

入园是幼儿陆陆续续进园的一个过程，包含了晨检和晨间活动的两个子环节。在这个过程中，幼儿园可根据具体情况由保健医生或接受过保健培训的教师(专人)负责，对每个入园幼儿进行健康安全检查，观察其身体和情绪的状况。

教师重点要做好幼儿来园的准备，给每个幼儿晨检，安排好晨间活动，热情接待幼儿和家长。幼儿要学会主动与人打招呼，接受晨检，放好随身带的物品，开展自选活动和轮流做值日生。

2. 晨谈

晨谈是在班级幼儿基本到齐后教师组织的集体谈话活动。话题可能会来自多方面，如教师有计划的主题活动讨论或当天即将进行的活动介绍，或是晨间活动时观察了解到的幼儿关注点，或是幼儿引发的值得交流的事件等。

教师组织谈话活动应事先有所准备，特别是有计划的谈话活动。

3. 学习活动

学习活动是一个大环节，其中包含了自由游戏、小组活动和班集体活动三种形式，自由游戏是幼儿自己主动发起的学习活动，而小组活动和班集体活动较多的是教师发起的学习活动。

幼儿可以在完成了教师安排的学习任务后，自主选择活动区进行游戏。

4. 生活活动

生活活动是满足幼儿基本生活需要所进行的活动的总称，包括餐点、饮水、如厕、盥洗、午睡等几个环节。在这些环节中，有的是定时做的，如餐点、午睡；有的是根据幼儿自己的需要去做的，有饮水、如厕、盥洗。

餐点：幼儿园餐点的提供方式各地有所不同，有的地方是两餐一点，有的地方是三餐一点等。幼儿园可以根据当地的情况确定餐点提供方式，但要注意幼儿进餐应该定时定量，两餐之间间隔时间以3～4小时为宜。

饮水：幼儿园在各项活动室里要提供固定喝水的地方以及相应的配套设备，如保温水桶及其支架。水桶的放置要稳固，便于幼儿接水。水杯的配置要做到一人一杯。

教师要帮助幼儿养成定时饮水及根据需要不定时饮水的良好生活习惯。

如厕：排泄是幼儿的基本需要，幼儿园要有幼儿的专用厕所，便于幼儿自己如厕。

教师要帮助幼儿学会自己如厕，养成定时大小便的良好生活习惯。幼儿可以根据自己的需要随时如厕，但幼儿如厕时应得到教师的关注。

盥洗：幼儿在园一天随时都有可能要洗手，幼儿园提供的洗手设备要便于幼儿自己洗手，擦手毛巾要做到一人一巾。

教师应帮助幼儿学会正确的盥洗方法，养成饭前、便后及手脏时洗手的卫生习惯。

午睡：午睡是全日制幼儿园生活的重要环节之一。午间睡眠帮助幼儿恢复机体活动能力，是健康的有效保证。幼儿园通常在午餐后组织幼儿午睡2～2.5小时。

5. 户外活动

户外活动是幼儿园在室外进行的各种活动。幼儿在户外可以充分利用自然因素进行锻炼，增强体质。户外活动主要有以下三种类型。

幼儿操：以体操为主并配以跑步、体育游戏、器械活动等的晨间团体活动，宜按年龄班组织。

体育锻炼：教师以游戏的方式组织幼儿进行集体、小组或自选的有目的的体育活动。

户外自由活动：幼儿可以自由选择或组合在一起谈话、散步、观察场院的自然物或游戏等。

6. 离园

离园是幼儿结束一日在园生活将陆续离开幼儿园的过程。幼儿离园前教师可以组织离园谈话活动和安排自选活动，等待家长来接。

资料链接3-2①

幼儿一日生活时间安排表及注意事项

一日生活的时间安排建议如下(幼儿在园时间8：00～17：00)

上午		下午	
入园	30分钟左右	起床	30分钟左右
集会②	20分钟左右	户外活动	40分钟左右
游戏和学习	60分钟左右	点心	15分钟左右
点心	15分钟左右	游戏和学习	40分钟左右

① 《幼儿园保教人员工作指导手册》，贵阳，贵阳市教科所，2011

② 集会是指教师组织班级所有幼儿集中在一起进行谈话、交流、总结等活动。

续表

上午		下午	
户外活动	60分钟左右	集会	20分钟左右
餐前准备	15分钟左右	离园	15分钟左右
午餐	30分钟左右		
午睡	90分钟左右		

注意事项：

(1)幼儿入园后可进入活动区游戏或学习。

(2)游戏和学习活动的时间里，可以同时开展由幼儿自主发起的活动、教师发起的指导活动。活动的形式可以是集体的、小组的或个别的。

(3)教师可根据实际活动的需要调整和灵活安排时间及环节的顺序。

(4)活动环节转换时，如果要组织幼儿喝水、洗手或如厕，教师要做好分工，一人协助幼儿喝水、洗手或如厕；一人组织幼儿活动，如唱歌、念儿歌或做手指游戏等；使活动转换过程自然、有序、平稳。

(5)在每一个生活环节里培养幼儿相关的良好行为习惯，在做中学和教。

(6)幼儿离园前，协助幼儿收集和整理自己的物品，整理自己的仪表，做好离园准备。

(7)如果是半日制幼儿园，参照上午活动环节的时间安排，把户外活动缩短10分钟，把餐前准备改为集会和离园。

下午在园时间为1：30～5：00。

(8)幼儿园可参照此表，结合本园实际制定幼儿在园一日生活流程表，并因需制定户外活动场地安排等配套用表，各年级要在此基础上，制定更加细化、更具操作性、指导性的各年级幼儿一日生活流程表。

第三节　一日活动环节的具体实施

依托一日活动环节的具体实施对幼儿进行教育，可以借助教育活动完成，也可以借助每个生活的环节来完成。要注意各类活动的有机联系，做到在生活中学习，在游戏中学习，使一日活动成为真正的教育整体。

一、生活活动

(一)来园准备

1. 情绪准备

调整自己的情绪，以良好的心态迎接幼儿、家长和同事。

2. 课前准备

一是检查、指导好保育员的工作，如开窗通风，使室内空气流通、光线充足，做好室内外清洁卫生工作，物品摆放整齐，检查保温桶水的温度等。

二是翻阅计划和备课资料，熟悉当日活动安排。

三是检查当日活动的环境及相关的教学具是否已经准备完备，并摆放到相应的位置上。

四是与配班教师和保育员沟通当日活动中的内容、需配合的事项。

五是准备一个专门的容器，放幼儿今天可能带来与集体分享的小东西。如有的幼儿带来几颗糖说要分给班级的朋友，有的带来自己在家里的小作品等。让幼儿能感受到自己被老师重视。

3. 着装准备

教师要在幼儿来园之前，一要更换好带班服装(如平底鞋、便于运动的服装、不佩戴繁杂的首饰等)，妥善放置手机和私人物品，当班时间不接听电话。

二是要注意自己的着装符合幼儿园教师的身份，得体、大方又具美感。

(二)来园接待

1. 对待幼儿

一是在班级门前面带微笑主动、亲切地用恰当的称谓和每一位幼儿打招呼，并提醒幼儿与家长告别。

二是对幼儿做好二次晨检，观察幼儿的精神面貌，如发现情绪不好，可与家长简单交换意见，了解情况。检查幼儿是否带危险物品来园。

三是让早来园的幼儿能自主选择活动，在必要时给予帮助，或与幼儿单独聊聊天，了解他们的情绪和想做的事，对情绪不好的幼儿给予必要的安慰。

四是做好组织集体晨间活动的准备工作。

五是当同时接待两位以上到园的幼儿时，教师的关注要平均地给予每一个幼儿，不能让任何一位幼儿和家长有受冷落的感觉，可以蹲下身子与幼儿说几句话或轻抚幼儿的头或轻轻拥抱一下，问问幼儿想先做什么活动，然后在家长的视线下引领他找到活动区，再微笑地和家长挥手告别。另外，也可仔细检查一下幼儿的仪容，是否有在家中受伤的痕迹，与家长及时沟通，以免粗心的家长认为幼儿是在幼儿园受伤的。

2. 对待家长

一是对家长关照的特殊事务做必要的记录，以免遗忘，并让配班同事了解。

二是在来园和离园人多时只能与家长做简短的沟通，人少时或另约时间再做深入交流。

(三)如厕、喝水

一是提醒幼儿渴了会自己接水喝，喝多少接多少，让幼儿每天喝足够量的水。

二是允许幼儿根据需要随时如厕大小便，教幼儿正确使用手纸(从前往后擦)。

三是幼儿如厕后整理好衣裤，并对自理能力差的幼儿给予适当的帮助。

四是饭前、外出前、入睡前及集体活动前提醒幼儿如厕。

(四)盥洗

对幼儿、特别是年龄小的孩子来说，洗手是一件“大事”，老师要经常提醒。不但需要教孩子正确的洗手方式，还需要关注他们在日常生活中洗手的情况。可以创设一个洗手的环境，让孩子喜欢洗手，提醒孩子用正确的方法洗手，如小班可以在洗手处贴上本班孩子洗手的示范照片或图片；中、大班可以请孩子自己制作一些标识，表示洗手的规则和物品的摆放处；老师也可以把洗手程序编成一些朗朗上口的儿歌，让孩子一边念一边洗手，有自我提醒的作用。提醒幼儿在餐点前、如厕后和手脏时洗手。

教师要提醒幼儿不在洗手间内打闹、泼水，保持地面干爽，防止幼儿摔跤。

教师要帮助幼儿挽(放)袖子，特别在冬天不能用力拉孩子的手腕，以免引起脱臼。

(五)进餐

①教师在进餐前半小时不组织剧烈运动。

②要餐前消毒餐桌，餐后整理桌面，保持地面清洁卫生。

③营造轻松愉快的进餐氛围，介绍菜名，与孩子讨论食物的味道，用诱导法来增强幼儿的食欲，进餐时不批评幼儿。

④教幼儿正确使用餐具，学会正确的进餐姿势，养成良好的进餐习惯。

⑤根据幼儿饭量大小及时添饭，不催幼儿快吃，让幼儿学会细嚼慢咽，吃饭时不大声说笑，咽完饭菜后再做其他活动。保证幼儿吃饱、吃好。

⑥了解幼儿特殊的用餐需求，提醒幼儿园相关同事给有特殊用餐需求的幼儿提供特殊的餐点(如食物过敏或宗教饮食禁忌等)。

(六)午睡、起床

①保持室内空气流通，掌握好开窗、关窗时间。

②提供安静、整洁的午睡环境。提醒幼儿进入睡房要做到“三轻”：走路轻、说话轻、拿放东西轻。

③经常巡视，为幼儿盖好被子，保证幼儿睡觉时不玩弄小物件，不蒙头、口、鼻等，调整幼儿不正确的睡姿。

④随时检查幼儿的睡眠情况，安慰入睡困难幼儿。睡觉过程中经常性地巡视，避免幼儿因睡姿不对呼吸困难，给睡梦中大叫的孩子以安慰，使其重新安稳入睡。

⑤允许幼儿在一定阶段抱着依恋物睡觉，在纠正幼儿已有的不良睡眠习惯时要循序渐进。

⑥特别关注中途起床如厕幼儿的安全保护，注意不能着凉。

⑦指导、帮助幼儿穿脱衣服，提醒穿脱的顺序和方法，将脱下的衣裤叠好后放在指定位置。如有睡上铺床的，提醒幼儿不要站在床上穿脱衣裤。

(七)离园

1. 离园前

一是检查幼儿的仪表和服装。提醒并帮助幼儿整理自己的衣物、玩具等。

二是与幼儿进行简短的谈话交流，稳定幼儿的情绪，总结、分享当天活动中的快乐并预告第二天的活动。

2. 离园

①主动招呼家长，与每位幼儿道别，提醒幼儿拿走需带回家的物品，如书包、衣服、服的药、老师发的通知、联系册等。

②安排安静的活动，如看图书、玩玩具、讲故事等。

③与个别需要沟通的家长有礼貌但简短地交流，或者与他们另外约定交谈的时间，避免疏忽对其他幼儿的监护。

④如果在幼儿离园环节一位教师提前离开，注意做好清点人数和交接班的工作。

⑤如果两个孩子在幼儿园中发生冲突，最好避免在离园时同时与两方家长谈论此事，特别是本来已经有矛盾的家长，而应分别交谈(如两位老师分别与一方家长交谈)，可更好地达到化解矛盾的效果。同时尽量不要让家长单独教育其他孩子，注意家长的行为，避免家长对幼儿采用过激的行为，引起更大的矛盾。

3. 离园后

教师在幼儿全部离园后，检查教室是否已经整理完毕，指导保育员做好卫生工作，必要时准备好第二天要用的材料。

教师在离开教室前要关好所有电源，并关窗、关门。

二、运动活动

(一)运动前

①提醒并协助幼儿做好运动前的准备，如清点人数、检查鞋带、整理服装、垫毛巾、如厕等。

②事先检查运动场地、器具的状况，及时排除安全隐患，如不同运动区域的分割、运动器具的完备状况。

③运动前强调与安全有关的规则和注意事项，运动过程中提醒幼儿遵守，培养幼儿自我保护的能力。

(二)运动中

一是运动过程中关注每个幼儿的情况，看其情绪和精神状况，摸其背上出汗情况，给予必要的监护、照顾，提醒幼儿动静交替、适当休息、增减衣服。

二是保证幼儿户外运动的时间，并调动幼儿参与锻炼的积极性，注意运动的密度。

(三)运动后

一是运动结束后教师再次清点幼儿人数，拿好幼儿脱下的衣物，排好队有序地回教室。

二是提醒幼儿如厕，稍作休息后再喝水。

三、游戏活动

(一)游戏前

一是提供丰富的游戏材料，准备安全无毒、清洁卫生的游戏材料和玩具。

二是允许幼儿根据自己的兴趣点选择游戏材料，与幼儿一同建立必要的游戏规则，如游戏区的人数限制、游戏材料的爱护和整理等，并提醒遵守。

(二)游戏中

游戏中对每个幼儿予以关注，有目的地观察(可以旁观也可以做参与观察)幼儿游戏的情况；对材料的偏爱和使用方式、产生的疑惑、游戏区的划分等，做必要的记录，以便在下次活动中对游戏材料的投放和游戏区的划分进行调整。

在必要时，如当幼儿漫无目的地游荡、遇到困难想放弃游戏或发生激烈冲突时介入幼儿的游戏，但尽量采用间接的方法(如扮演一个角色)进行支持和指导，不要硬性要求幼儿如何玩。

在游戏中，教师边观察边在心中酝酿分享交流的大致内容，可以有意识地帮助幼儿事先准备小介绍。如“佳佳，你的这个新方法很好，一会儿可以向大家介绍吗？那我们一起来想想可以怎么说？”事先的小准备、小帮助可以使幼儿在交流中更有自信，也是教师有效调控幼儿交流的基础。

(三)游戏后

游戏结束后，可采用集体或个别的方式分享、交流游戏的经验，讨论游戏中的问题，拓展或深化幼儿游戏中获得的经验，鼓励有创意的玩法。

游戏结束后，收拾整理好所用的材料。

四、教学活动

(一)活动前

根据年龄特点确定适宜的活动目标，并在确定目标时考虑到自己所带班级幼儿的特点和实际水平，让幼儿通过活动在原有水平上有所提高。

针对不同的目标，可以组织集体或分组教学活动，也可以将学习目标渗透在区角材料中，由幼儿自行操作、自学，达到目标。

活动内容的选择紧扣目标，并贴近幼儿的生活经验，尽量采取有助于幼儿直接体验的方式，可以利用一些教具和学具来帮助幼儿更好地理解活动内容。

在集体教学活动以前做好所有的准备，如教具怎样摆放、怎样呈现；电脑、录音机、电视机等事先调试好，碟片和磁带事先放好，并听放过；幼儿的操作材料放在最容易取放的地方。教学现场的教具障碍是教学秩序混乱的最大原因。

在课前要熟悉所教的内容。如在上故事活动前要熟练背诵，故事能脱稿讲述；歌曲能熟练弹唱；科学实验事先做过，避免组织无准备的活动。

活动开始部分可组织一些幼儿熟悉的游戏(与教学内容相关的最好)，以此转换孩子的注意力。

(二)活动中

与全班幼儿一起活动时，视线关注全体幼儿，接收来自幼儿的反馈，尽可能给每个孩子表现、表达的机会，并注意倾听孩子的表述，必要时重复某些孩子的表达，引起其他幼儿的注意，引导他们向同伴学习。

发现不善于表达、表现的幼儿，给予小小的鼓励和暗示，充分肯定幼儿最小的成功和进步。

当幼儿提出的问题一时把你难住时，不一定非要勉强回答，更不能否定和回避问题，而可以提示幼儿从哪些渠道寻找答案，或承诺与幼儿一起去寻找这个问题的答案。

让幼儿不大声讲话、唱歌，会用自然的声音，保护幼儿的声带和听力。

教具、学具要安全、无毒。

操作活动中教会幼儿正确的操作方法，要提醒幼儿养成正确的坐姿、阅读姿势、握笔姿势，保护幼儿的视力、骨骼、肌肉不受损伤。并注意巡视、指导。

(三)活动后

教师根据活动中较好的方面和存在的问题，及时有效地进行反思，以便在下次活动中改进。

五、自由活动

(一)提供充足的时间、空间和材料

在一日活动中，应给予幼儿充分的自由活动时间。材料和空间是他们自由活动的前提，活动的材料大致有二类：一类是专门性的玩具，可供幼儿直接游戏、表演；另一类是非专门性的玩具，是用废旧物品制作的替代物，如各类包装盒、瓶子、碎布、旧画报、火柴盒等。提供的材料应根据幼儿的年龄特点供给，并建立起各种活动区，如语言区、计算区、美工区、构建区、角色区、益智区等，充分把活动室和寝室的空间利用起来，让幼儿在各区角中尽情活动，让他们去创造、去发挥。

(二)开展自主游戏活动

游戏活动的趣味性、自主性，给幼儿带来无限的欢乐和满足，同时幼儿也十分喜欢游戏，通过表演游戏、角色游戏、结构游戏等发展幼儿创造性的思维。从游戏的形式看是有组织的，但游戏的内容却是自由的。

(三)开展适当的体育活动

每日保证两小时的户外活动时间，除对幼儿进行有目的、有计划的集体活动外，其余有一部分时间是幼儿自由活动的时间，给他们提供选择体育游戏的材料(跳绳、飞盘、沙包、皮球、平衡木、钻圈等)、玩体育游戏、玩大型运动器械的自由以及观察、寻找、说话的自由。

正确的洗手方法

①卷好袖子。②拧开水龙头，将手打湿。③关水龙头，搓香皂。④掌心对掌心搓擦；手指交错，掌心对掌心搓擦；手指交错，掌心对手背搓擦；两手互握互搓指背；指尖在掌心中搓擦；拇指在掌中转动搓擦(见图 3-1)。⑤打开水龙头冲洗干净。⑥关水龙头，在水池里甩手。⑦用毛巾擦手，将毛巾打开放在左手心上，右手放在毛巾上、擦干(换向)。⑧放好毛巾。

儿歌《洗手》

小朋友，来洗手，
卷起袖，淋湿手。
抹上肥皂搓呀搓，
清清水里冲一冲。
再用毛巾擦一擦，
我的小手真干净。

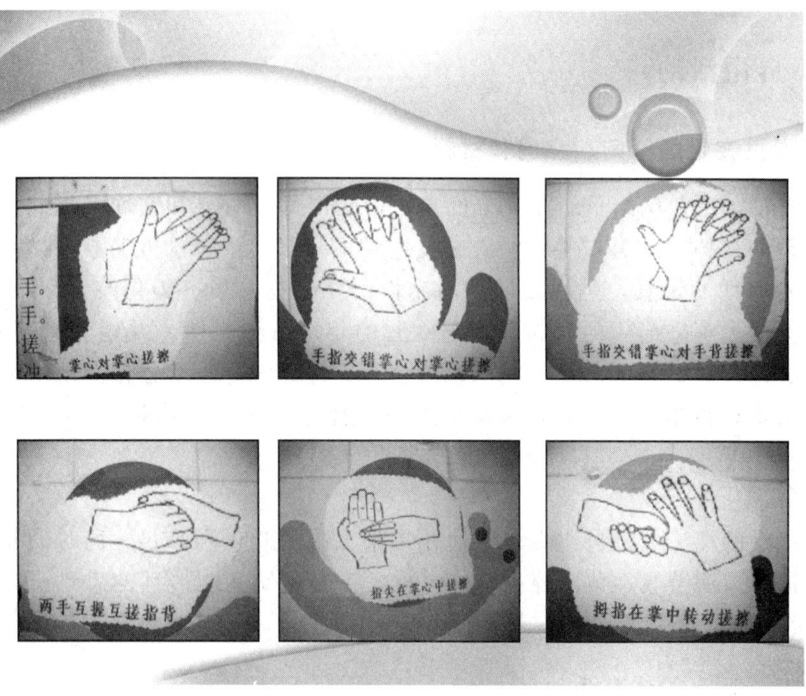

图 3-1　搓手过程示意图

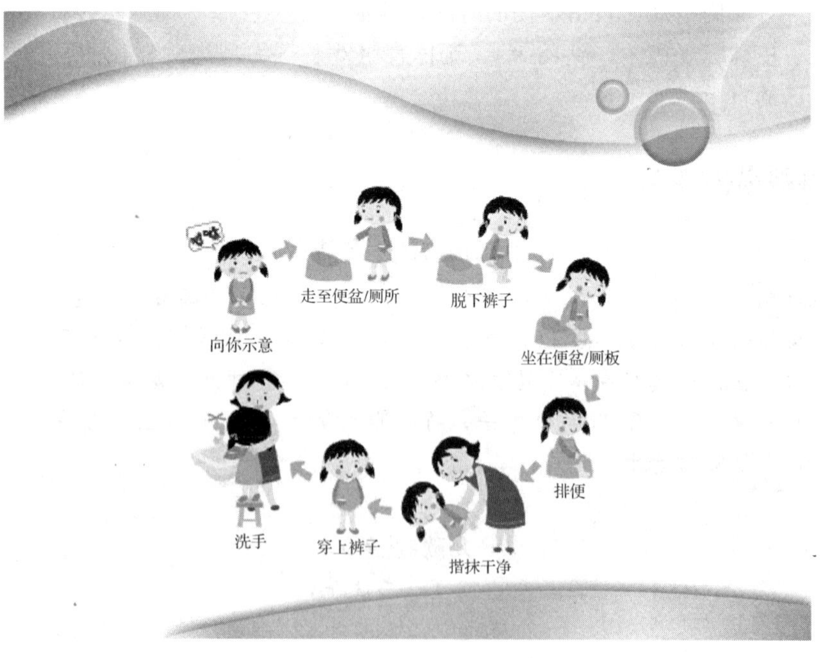

图 3-2　如厕程序

本章小结

1. 一日活动是指幼儿从来园到离园的整个过程，它包括晨间及离园活动、生活活动、体育活动及自由活动、学习活动、游戏活动等。我们可以把这些活动归为两大类。一是，进餐、睡眠、如厕、盥洗、来园接待、离园等常规性活动为生活活动。这类活动在时间、内容、组织方式、进行过程方面每天变化不大，但对幼儿身心发展却有着重要的作用。二是，晨间活动、学习活动、游戏活动、体育活动等教育活动。这类活动计划性更强，在内容上丰富多彩，在组织上灵活多样，这两类活动，交互作用于一日生活之中。

2. 幼儿园一日活动的组织原则：①动态活动与静态活动的交替。②室内活动与户外活动的交替。③集体活动与个体活动的交替。④集中活动与自主活动交替的原则。

3. 我们要科学合理地安排和组织一日生活，建立良好的常规。一日常规就是需要幼儿经常遵守的班级规则和规定，是幼儿在幼儿园一日生活的各种活动中应该遵守的基本行为规范，一日常规的建立不仅是集体教育幼儿的需要，还能促进幼儿形成良好的卫生习惯、生活习惯和行为习惯，同时也有益于促进幼儿身心健康和谐发展，对培养幼儿良好的情绪也有帮助。一日常规是幼儿教育主要内容之一。一日常规一旦形成，对老师完成保教工作、管理班级都有很大的帮助。

4. 幼儿园的教育是要通过科学安排幼儿在园的一日生活，综合组织各方面的教育内容，合理运用各种教育形式，才能使教育目标逐一实现。对幼儿的教育可以借助教育活动完成，也可以借助每个生活的环节来完成。要充分挖掘生活中的教育元素，赋予生活中的每一个环节以教育的意义，让幼儿在生活中能够体验、发现、学习、表达，不断丰富幼儿的生活经验，促进良好行为习惯的养成，为幼儿终身发展打下坚实的基础。

练习与实践

一、简答题

1. 简述正确洗手的方法。

2. 组织户外活动对教师有哪些要求？

3. 幼儿进餐有哪些行为要求？

4. 如何组织幼儿的自由活动？

二、实践探索

1. 了解当地幼儿园一日活动安排，并作记录。

2. 案例讨论

【案例】

一个皮球引发的事件

某市政府机关幼儿园小一班的晨间活动是学习拍皮球，活动的地方是在二楼的一个露天、较宽敞的活动区，周围是由约 1.3 米高的墙围着的。在玩这个拍皮球游戏前，老师向小朋友们交代：不要去边上，拍皮球的力度要适当，要不然皮球就会掉下去。这次，瑞瑞和卡卡因争抢皮球不小心把皮球给抛了下去，这时瑞瑞很慌，不知道该怎么办，于是就踩在围墙边的一个平衡木上，扒着墙面张望着楼下面的球，而卡卡则跑到另一组小朋友那抢着玩球去了。主班老师看到了这一情形，就把他俩叫到了身边，对他们喝道："你们怎么把球给抛下去了呢，不是告诉过你们不要在边上玩吗？给我站一边，先不要玩了。"于是，瑞瑞和卡卡就站在墙边，一声也没吭。直到活动结束，在老师的命令下，他俩才归队，回教室。

在幼儿园里，不论是教学活动、游戏活动还是生活活动，时常会有突发事件发生。请仔细阅读上述案例，分析并讨论：

(1)造成这一事件的原因是什么？

(2)在整个事件发展的过程中，老师的做法有哪些不妥之处？她应该如何处理？

3. 案例分析

【案例】

天下起了毛毛细雨，老师将原定的户外活动改成了室内游戏活动"大风吹"。当老师和孩子们正在玩时，忽然，涛涛跑过来向老师告状："老师，凡凡生气了，一个人跑到那边去了。"老师顺着涛涛手指的方向，看到凡凡跑到小房间里去了，不再出来。老师想了想，对涛涛说："谢谢你，老师知道了。"老师继续和孩子做游戏，一边始终留意小房间里的情况。过了一会儿，凡凡自己走出来了，来到老师面前，似乎不那么生气了。老师当作什么事情也没发生，拉起凡凡的手，向小朋友中间走去。游戏活动结束了，孩子们小便、洗手准备吃午餐，这时老师悄悄地来到凡凡的身边，蹲下身子，和凡凡聊聊刚才发生的事。

请仔细阅读以上案例，并分析：

(1)突发事件的出现，处理不当，在一定程度上会影响活动的正常开展，这位老师的做法对吗？为什么？

(2)材料中体现了幼儿园班级管理的哪些原则？

阅读推荐

1. 华纳(Laverne Warner)，林奇(Sharon Anne Lynch). 幼儿园班级管理技巧150. 曹宇，译. 北京：中国轻工业出版社，2011.

本书提供了150个有效解决幼儿园班级管理问题的实用技巧，旨在帮助教师预防和应对各种班级管理问题。其中，第四章阐述了如何有效设计班级一日活动及流程，对怎样建立常规及让幼儿遵守常规有借鉴意义。

2. 郑三元. 幼儿园班级制度化生活. 北京：北京师范大学出版社，2007.

本书主要探讨了幼儿班级制度化生活中的隐性课程问题；详细阐述了有关幼儿园班级管理方面的新理念，以及教师在班级制度化生活中的角色等方面的内容。其中，第三章"规矩与方圆"启发我们对幼儿园的各种常规进行理论上的反思，让我们思考如何使班级制度化生活走向融洽。

第四章　幼儿园班级人际关系管理

学习目标

- 了解幼儿园班级人际关系管理内容。
- 学习建立良好班级人际关系的方法。
- 掌握师幼互动及引导幼儿建立良好同伴关系的策略。

关键问题

1. 幼儿园班级人际关系的内容有哪些？
2. 师幼互动的策略是什么？
3. 怎样认识和理解幼儿同伴关系？

案例 4-1

在一次户外体育活动休息时，教师对孩子们说："大家在草地上安静休息一会儿，听一听大自然的声音。"过了一会儿，一个女孩说："老师，我听到了花开的声音。""老师，她在胡言乱语，花开根本没有声音。"一个男孩叫道。老师笑了笑说："我喜欢她的想象，或许这样的孩子长大了真能让花儿唱歌。我也喜欢你的勇敢，敢对别人的想法提出自己的意见，真是个好男儿。"女孩自信地笑了，得到了教师的赞许，在心里得到了一个美好的期望；男孩羞涩地笑了，得到了老师善意的批评与鼓励。

在这段对话中，幼儿感受到了老师的理解和爱，这是建立师幼良好关系的基础。

作为班级管理者的教师，应树立以人为本的管理理念，关注班级的人际关系。建立幼儿园良好的人际交往与人际关系，是幼儿园心理环境建设的重要内容。它能促进幼儿个体心理的健康发展，能使幼儿在集体中得到充分的表现和满足，使幼儿产生自信心和自主感。因此教师不仅要掌握幼儿的身心发展规律，还要在班级中建立融洽、和谐、平等、健康的人际关系，让幼儿在积极、健康的心理状态下成长。

幼儿园班级人际关系包括教师与幼儿之间的关系、幼儿与幼儿间的关系、教师与教师之间的关系以及教师与家长之间的关系。

第一节　教师和幼儿关系的调控

教师与幼儿的关系是班级人际关系的核心因素，正因为班级中有教师与幼儿的存在，有教师与幼儿之间的互动，才使得班级得以正常运转。请看以下案例：

区域游戏活动，老师正在指导手工区的小朋友做老虎的面具、泥塑，方方在离他们不远的图书角里看书。老师和小朋友边做边讲话，方方不时抬头听他们讲话，似乎对他们做的事很感兴趣，在老师对一个小朋友讲道，“你可以用黄色和黑色来画老虎身上斑纹”的时候，方方放下书跑过来说：“老师，老虎也有白色的!”老师听了方方的话，停顿一下，随即又把视线转向那些做手工的小朋友。方方见老师没有反应，又往她身边走近些说：“老虎也有白颜色的，叫白虎，上次我在野生动物园就见过白虎!”老师看了方方一眼，微笑着说：“我们现在不说这个，你在哪个活动区呀?”“图书角。”方方用很轻的声音回答。老师拉起方方的手，“来，我们一起去图书角看书，下一次老师保证让你做手工!”方方顺从地跟老师去了图书角。

一、教师与幼儿关系调控的要素

(一)热爱与尊重

教师要热爱、尊重并了解幼儿。应对幼儿表现出支持、尊重、接受的情感态度和行为。这是建立师生间积极关系的基础，也是进一步培养幼儿良好社会性行为的基本条件。教师必须尊重幼儿的人格，以平等的心态与幼儿对话，让孩子们自由选择活动，能够充分认识到幼儿是活动的主体，教师全部工作的出发点是调动幼儿学习的主动性和创造性。教师要善于理解幼儿的各种情绪情感的需要，教师要耐心细致地观察、了解孩子的内心世界，相信幼儿有自我判断、作出正确的选择的能力，善于对幼儿作出积极的行为反应，以真诚、热爱和关怀的态度去对待每一个幼儿。

在一次“拿伞的小朋友”的美术活动中，乐乐画的伞和小朋友之间的差距太大了。教师巡回指导时，乐乐捂住自己的画不让老师看，并表现出一副非常羞愧的样子。教师看到这幅画面后想了想，惊喜地说：“哎呀，你的伞是被风吹走了吧!”听了老师的话，乐乐顷刻面露喜色，自信地拿起笔在纸上画了风，还夸张地画出了张着大嘴的风爷爷。

评析：该教师了解孩子的内心世界，在活动中以孩子为主体，用平等的心态、平行的方式介入，让幼儿快乐地接受并积极地配合，对幼儿的活动进行了有效指导。

(二)民主的态度

教师应当以民主的态度来对待幼儿，善于疏导而不是压制，允许幼儿表达自己的想法和建议，而不以权威的命令去要求幼儿，这种自由而不放纵、指导而不支配的民主教育态度和方式能使幼儿被视为独立的个体而受到尊重和鼓励。这样的教育方式能使幼儿具有较强的社会适应能力，使幼儿的自我接纳和自我控制能力发展都较好。

(三)良好的身体语言

在教师与幼儿交往中，要尽量采用多种适宜的身体语言动作。例如，微笑、点头、注视、肯定性手势、抚摸、轻拍脑袋、轻拍肩膀等。在师生交往中，应尽量采用这类“此时无声胜有声”的方式，用身体接触、表情、动作等来表示对幼儿的关心、接纳、爱抚、鼓励或者不满意、希望停止当前行为等。教师在与幼儿交谈时，最好保持这种较近的距离和视线的接触。恰当的眼神、表情的使用也能使幼儿对教师的情绪状态和对自己行为的反馈有更为明确、深刻的体会。

二、教师与幼儿关系调控的策略

(一)关注教学活动中的幼儿

在设计和实施教学活动中，教师要根据幼儿的兴趣和需要，创造性地设计符合本班幼儿原有知识经验水平的活动方案，并能在活动过程中根据实际需要对活动方案进行及时调整。

在运用各种教学策略或方法上，能因时、因地、因内容熟练自如地运用最适合本班幼儿的方法和策略。

在创设教学活动的物质环境和信息环境中，教师要深入挖掘环境的作用，通过创设问题情境等激发幼儿的主动参与和探究；在缺乏材料的时候能创造性地、灵活地挖掘出可利用的资源，环境能促进教学活动的深入与生成，能促进幼儿的发展。

在组织教学活动质量方面，教学内容、方法及手段等能有效地激发幼儿的兴趣和调动幼儿参与的积极性。幼儿学习兴趣浓厚、积极性高，才能进行主动学习和发现学习。根据幼儿的需求灵活地调整教学，进一步生成新的内容、满足幼儿探究的欲望。

(二)关注日常生活中的幼儿

组织幼儿进行游戏和区域活动时，教师要按边界清晰、功能互补等原则对区域进行合理布局，并为幼儿留有一定的自由活动的空间，为幼儿提供的材料数量相对充足，结构、功能等符合各年龄段幼儿的特点，有一定的备用材料。另外，应根据具体情况适时地增删、变换区域与材料，能在对幼儿进行仔细观察的基础上适时对幼儿进行有效的指导。

要注重对幼儿的个别教育，根据对幼儿的了解和家长提供的信息对幼儿的发展作出客观的评价，然后制订出短期和长期的个别教育计划，在一日生活的各个环节及时地抓住适宜的教育机会，并和家长合作，对幼儿进行个别教育。

在日常工作环节中，实施保教结合，教师要主动学习有关幼儿保育的科学知识，研究保育工作的规律，思考保教合一的有效工作方法，在对幼儿进行观察、记录和分析的基础上，制订并实行适宜的保教工作计划，将保教工作有机地渗透到一日生活的各个环节之中。

(三)关注与幼儿的互动

在集体教学中，教师应以正面的鼓励性的语言组织集体教学，以诚恳的微笑以及适当的肢体语言给幼儿一个宽松、民主的心理环境，积极应答和适当处理每名幼儿的询问、请求、见解等，与幼儿平等对话，做幼儿学习活动的支持者、合作者和引导者。

在幼儿进行游戏和区域活动时，教师应通过各种方式参与和指导幼儿的游戏和活动，善于观察每名幼儿的表现，积极应答幼儿发起的各种互动行为。不仅要指导幼儿获得知识技能，还要帮助幼儿在游戏和区域活动中获得积极的情感体验。

在日常生活中，教师应与幼儿建立亲密、融洽、相互信任的师幼关系，教师应鼓励幼儿敢说敢做，营造宽松、民主的心理氛围。教师不仅应给予幼儿生活上的帮助和情感上的抚慰，幼儿也能给教师适当的帮助，彼此都主动发起互动行为，并对对方发起的互动行为给予积极应答和反馈。

(四)关注对幼儿发展的评价

教师要运用合适的观察表等工具，在一日生活的自然情景中对幼儿的行为表现进行客观的观察和详细的记录，注意收集并及时分析幼儿的各种作品，定期对幼儿的发展水平作客观描述，学期末对幼儿本学期的发展作客观全面的描述和评价。并发挥各评价主体的作用，综合考虑来自其他老师、保育员、园长和家长的意见，也要重视幼儿对自己的评价。尊重各评价主体的地位，充分发挥各评价主体的作用，相互支持与合作，使评价更为客观和全面。

资料链接 4-1①

某幼儿园幼儿发展评价方案

一、指导思想

对幼儿发展的评价要承认和尊重幼儿在经验、兴趣、学习特点等方面的个体差异。评价要重视过程性的评价，要以发展的眼光看待幼儿，既要了解幼儿的现有水平，更要关注他们的发展潜能。幼儿发展评价要重视在日常活动中采用观察、记录、交谈、幼儿作品分析以及与其他工作人员、家长交流等多种方式，了解幼儿的发展状况。

---

① 资料来源：http：//www.mgyey.sjedu.cn/xxxxgk/xxgk/xxyw/xsgz/gzzd/71036.shtml，上海松山区中山幼儿园

二、评价目标

1. 通过多方法、多形式的评价，了解本园不同年龄段幼儿发展现状，分析幼儿发展中存在的问题，发现每个孩子的智力潜力和特点，帮助幼儿实现富有个性特色的发展，寻找促进幼儿发展的教育策略等。

2. 发挥评价的教育功能、反馈调节功能，促使教育者依据课程目标有的放矢地实施教育，促进幼儿全面和谐发展。

3. 评价的过程是教师运用专业知识审视教育实践，发现、分析、研究、解决问题的过程，有效促进教师的自我成长。

4. 对幼儿发展评价为幼儿园课程建设提供有效的反馈信息和改进意见，促进幼儿园课程的完善和发展。

5. 提高保教人员、家长等对幼儿发展的重视程度。

三、评价原则

1. 发展性原则：将每个幼儿看作独立发展着的个体。即教师在评价过程中用发展的眼光看待每个幼儿，从不同的角度观察、了解每个幼儿，及时发现和肯定每个幼儿较昨天所取得的进步，从而建立起对幼儿发展的信心。

2. 差异性原则：同一年龄段的幼儿在某一特定阶段，不可能同时达到同一发展水平。因此，我们要尊重幼儿的个体差异，正确对待幼儿发展的不平衡性，既要鼓励幼儿在某些方面超一般水平的发展，又允许幼儿在某些方面滞后于一般发展水平。

3. 适时性原则：对幼儿发展评价要着眼于幼儿自身的发展，将评价作为促进幼儿个性发展的重要手段。因此，教师要善于在日常工作中，根据评价指标对幼儿的发展情况进行观察，及时通过评价发现问题，并适时调整教育策略。

4. 真实性原则：教师和家长要树立正确的评价观，在评价过程中，收集真实的信息，作出符合实际的判断。同时，科学运用评价结果，不简单地用评价结果来衡量教师工作的优劣。

四、评价的方法与方式

(一)评价方法

1. 观察法：以自然观察为主，教师收集大量真实的通过自然观察获得的资料，提供丰富的反映幼儿发展状况的事实依据。观察记录可以采用文字、表格、照相等方式。

备注：适用于《成长档案》、个别跟踪、教师观察记录、日常工作检查、幼儿学期发展评估等。

2. 调查与访谈法：可根据需要设计问卷，了解幼儿在园内园外的生活经验，广泛收集幼儿发展的信息。对象可以是教师、家长、社区、幼儿等。

备注：适用于新生入园调查表、家长问卷、亲子实践活动反馈、社区活动反馈、《成长档案》等。

3. 测试法：主要适用于幼儿健康分析，对幼儿进行体质测定，理解幼儿体质发展现状以及变化趋势；幼儿主题领域发展评价。

备注：适用于幼儿体检、健康指数测查、主题领域发展评价表等。

4. 档案评估法：这是一种综合性的评价方法，它包括对幼儿在长时间内的发展进行观察与记录，经过整理后进行整体评价，反映幼儿在一个阶段内的学习过程与成长轨迹。

备注：适用于对个别幼儿进行跟踪记录、阶段培养等。

5. 作品分析法：收集幼儿不同时期具有代表性的、各个领域的作品，分析幼儿的发展和进步。

备注：幼儿作品栏的创设、丰富《成长档案》的内容、适用于同伴间的互动评价等。

（二）评价方式

1. 管理者测评：园长依据课程目标通过设计能反映幼儿不同发展水平的测试项目，对幼儿进行定期的测评，了解各班幼儿的发展的现状以及变化趋势，并结合教师的观察与记录，分析影响幼儿发展的因素，提示保教人员加强教育。

2. 教师自测：教师依据学期目标设计问题、情景等测试类项目，定期对本班幼儿发展进行测评，了解班级幼儿的发展现状，并对幼儿的整体发展与全面发展情况做出分析与对策思考，从而诱发教师自我反思和更好地实施教育。

3. 幼儿自评：以活动项目的形式让幼儿对自己的行为或者学习结果进行自我评价，帮助幼儿反思自己的学习、生活、游戏等行为，激励幼儿养成良好的学习习惯、行为习惯、生活习惯。

4. 家长参评：通过请家长来园观摩半日活动、参与亲子活动等家园互通的多种形式，让家长了解孩子在园的发展情况，反映孩子在家的真实表现等，从而实现通过家园合力促进幼儿全面发展的目标。

五、评价的内容

幼儿发展评价的内容包括幼儿对活动的兴趣、情感态度、交往、学习特点等，既关注幼儿的自理能力、适应集体、自我认识、遵守规则、交往合作、探索欲望与操作能力等，也关注幼儿在活动中的情绪、注意力、持续性、接受活动的挑战性，以全面衡量幼儿的发展状况。评价内容涵盖了幼儿园一日活动中的四类活动，即生活、游戏、运动、学习，共同指向课程内容“共同生活、探索世界、表达表现”。

活动形态	评价内容	
生活	自理能力	1. 根据一日生活的需要正确地进餐、盥洗、入睡、如厕、饮水、穿脱衣服等。 2. 会整理自己的物品，做到物归原处，并独立完成日常生活中力所能及的事情。
	认识自己	1. 知道自己的名字，对自己的行为、言语有初步的评价能力。 2. 能和同伴友好相处，表现自己的情感，能与人分享自己的经验和成功。
	适应集体	1. 愿意上幼儿园，喜欢教师、亲近同伴，情绪愉快地参加各类活动。 2. 会协商提出集体生活中的规则，共同遵守并能控制自己的行为。 3. 在各类场合表现大方、不怕陌生，能用适当的方式表达自己对同伴的关心、帮助。
	交往合作	1. 愿意和同伴一起参加集体活动，共同使用材料与玩具。 2. 愿意理解、听取、运用别人的行为和想法，学会协商，能分工、合作完成任务。
运动	运动能力	1. 有运动意识，能充分活动自己的身体，走、爬动作协调。 2. 能根据节奏的变化进行各项活动，动作灵敏，有一定的平衡能力及耐心。 3. 会自我保护，遇到意外能寻求帮助。

续表

活动形态	评价内容	
游戏	操作探索	1. 对周围事物表示好奇，喜欢操作、摆弄物品。 2. 在游戏中会创造性地运用材料，并运用各种工具和材料进行制作与小实验。
	交流分享	能尝试接触和运用多种媒体，收集资料，并进行交流和分享。
	情感发展	1. 愿意和同伴一起参加集体活动，共同使用材料与玩具。 2. 愿意理解、听取、运用别人的行为和想法，学会协商，能分工、合作完成任务。 3. 在自由宽松的氛围中感受成功，获得愉悦、乐观和自信的体验。
学习	基本常识	1. 能识别、认说与生活密切相关的人和物品，并知道其显著特征。 2. 了解人与动植物、自然现象、社会环境之间的简单关系。 3. 有收集和了解周围多种信息的兴趣和初步能力，形成多元的文化意识，能了解不同地域、民族的风俗。
	数形时空	1. 能觉察生活中物品的大小、多少、形状、颜色的明显不同，并尝试对物品进行对应、分类、排序等，能发现差异。 2. 识别数字，会用简单的方法进行估算、测量等。初步理解数量、重量、质地、距离、方位、时间等概念。 3. 在生活游戏中，能感受数量关系，会进行比较、推理。
	倾听阅读	1. 能听懂普通话，理解教师说话的意思，乐意接触儿童艺术作品，会安静地听简短的故事。 2. 能倾听别人说话，喜欢阅读，有良好的阅读习惯。 3. 关心常见的符号、标志和文字。
	语言表达	1. 乐意用普通话清楚地表达自己的需求和意思，并能回答问题。 2. 能围绕一个话题与人交流，并在集体或公众场合大胆地表达意见。
	想象艺术	1. 会和同伴一起唱歌、舞蹈，并产生联想，能在艺术活动中自然地表达自己的情感。 2. 会大胆地涂画、制作、构造和表演，能初步感受周围环境和艺术作品中的美。 3. 在活动中有想象创造及表现能力。

各年龄班具体的评价内容如下：

小班幼儿发展评价					
序号	内　容	发展情况			
1	在成人的帮助指导下会进餐、盥洗。	优	良	中	差
2	根据自己的需要会如厕、喝水。				
3	乐意学着自己的事情自己做，初步学习穿脱、折叠衣服。				
4	乐意招呼周围熟知的人，有一定的礼貌意识。				
5	经常保持愉快的情绪，不好哭，不怕陌生。				
6	初步了解爱护身体的基本常识，知道保护身体的重要。				

续表

小班幼儿发展评价					
序号	内　容	发　展　情　况			
7	对各种运动活动感兴趣，喜欢与老师、同伴一起运动。	优	良	中	差
8	乐意参加走、跑、爬、跳等户外运动，动作协调。				
9	喜欢到大自然中去锻炼，学着玩体育游戏。				
10	喜欢和同伴一起玩，不争抢玩具。				
11	学习收拾玩具，知道要物归原处。				
12	在游戏中愿意用语言、动作表现理解的事物和喜爱的角色。				
13	乐意用多种感官感知和探索周围环境中有趣的物品及现象。				
14	能识别、认说与生活密切相关的人和物。				
15	初步掌握阅读的方法，能指认画面上的主体形象与事物，学讲常用语及短语，产生阅读的愿望并培养初步的阅读习惯。				
16	能观察生活中物品的大小、多少、形状、颜色的明显不同。				
17	喜欢做音乐游戏，能感受明显的音乐节奏、旋律的变化。				
18	尝试用画、折、涂、贴、撕等方法表现熟悉物体的粗略特征。				

中班幼儿发展评价					
序号	内　容	发　展　情　况			
1	会正确地刷牙和使用筷子。	优	良	中	差
2	会正确洗手、使用手帕、毛巾、便纸，保持仪表整洁。				
3	学会自己的事情自己做，遇到困难能想办法或请求帮助。				
4	有同情心和责任意识，关心同伴，爱父母、老师、长辈。				
5	对人有礼貌，会有礼貌地称呼周围的人。				
6	能配合疾病预防和治疗，有避免危险和意外的意识。				
7	积极参与运动活动，精力充沛，基本技能发展平衡。				
8	尝试、模仿、调整自己的动作行为，使动作轻松自然协调。				
9	学习结伴、轮流、请求、商量等交往方式，愉快地进行游戏。				
10	能遵守幼儿园集体生活中规则，并能控制自己情绪和行为。				
11	用简单的观察方法感知周围事物和现象，了解其特征。				
12	能亲近自然，初步发现自然的变化对人与动植物的影响。				
13	对周围环境中的数、量、形等物体感兴趣。				
14	尝试对物体进行对应、分类、排序，能发现异同。				

续表

中班幼儿发展评价					
序号	内　容	发　展　情　况			
15	喜爱儿童文学作品，爱念儿歌、讲故事，对书面语言感兴趣。	优	良	中	差
16	喜欢阅读，初步养成倾听习惯。				
17	尝试用各种材料、工具和方法，进行制作和表现，体会成功。				
18	自然愉快地唱歌，能随音乐做游戏、表演、自由舞蹈等。				

大班幼儿发展评价					
序号	内　容	发　展　情　况			
1	有基本的生活自理能力，养成较好的生活习惯、作息习惯。	优	良	中	差
2	活动中会用休息、擦汗、增减衣服等方法自我调节。				
3	能整理自己的物品，并放在规定的地方。				
4	用恰当的方式表达自己情绪、情感，礼貌热情主动与同伴交往。				
5	主动热情地待人接物、称呼周围的人。				
6	关心集体，乐意帮助他人，有同情心。				
7	有安全意识和自我保护能力，避开危险，不做危险动作。				
8	积极参加运动，充分活动身体，动作协调灵敏，有一定的耐力。				
9	自己的行为符合集体要求，遵守集体规则。				
10	根据自己的意愿、需要选择玩具、材料，积极主动地游戏。				
11	会用积极的方式向别人表达自己的想法，能与同伴合作、分享。				
12	自主探索、操作、实验，对事物的变化有兴趣，尝试用自己的生活常识和经验来发现问题、解决问题。				
13	走进大自然，初步了解与人们生活中的环境，喜欢大自然，有关心和保护环境的初步意识。				
14	有良好的倾听与阅读习惯，会安静地听故事，能阅读一些常见的符号、标志和文字。				
15	引导幼儿对生活中常见物品、科技产品的认识和了解，在成人的帮助下，继续学习多途径收集和交流信息。				
16	了解生活中数的实际含义，利用生活中和游戏的数环境感受事物数量的关系，获得粗浅的时间、空间概念，会进行比较。				
17	能用唱歌、舞蹈、绘画、制作、表演、游戏等形式，大胆表现对生活中事物的理解，体验、感受它们的美。				
18	逐步让幼儿有关心生活中比较常见标志和文字的意识，尝试用图像、文字、符号等形式表达自己的意思。				

第二节　幼儿和幼儿之间的关系管理

培养幼儿良好的社会交往能力，是现代社会的教育目标之一，也是建立和谐人际关系的基础。同伴关系不良不仅会影响幼儿当前的心理发展和社会适应，而且会给幼儿长远发展带来消极的影响。

一、幼儿同伴交往的概念

幼儿同伴交往是指年龄相同或相近的儿童共同活动并相互协作的关系，或者主要指同龄人间或心理发展水平相当的个体之间在交往过程中建立和发展起来的人际交往。幼儿之间的交往是幼儿园活动中频率最高的，也是组织班级活动的重要因素。幼儿之间关系是和睦的、互动的，还是矛盾的、消极的，将直接影响幼儿社会性行为、交往能力、道德品质等方面的发展。

二、幼儿同伴交往的教育价值

(一)同伴交往对于幼儿社会性发展具有重要影响

同伴之间充分、积极的交往和互动，有利于幼儿摆脱自我中心，促进其观点采择、自我认识等社会认知能力的发展；而贫乏、消极的同伴交往则不利于幼儿发展对他人、对自我、对社会规则等的认知。同时，幼儿在交往中发出的不同行为，往往会引发同伴接受或排斥等不同的反应，正是从同伴的不同反应中，幼儿了解到自己行为的性质与后果，并能进一步据此调整自己的行为，从而有利于幼儿分享、关心、同情、合作等友好、积极行为的发展。此外，同伴交往的状况还直接影响幼儿社会情感的发展，积极的同伴交往能使幼儿产生正向的社会性情感，如归属感、责任感、同情心和自尊心等，而不良的同伴交往则不利于幼儿积极、良好社会性情感的形成与发展。

(二)同伴交往对幼儿的心理健康起着重要作用

积极、良好的同伴交往能够使幼儿产生安全感和归属感，心情轻松、活泼、愉快，这是幼儿心理健康的后盾和依赖。缺乏同伴交往的孤独幼儿常表现出焦虑、自卑、情绪不稳，出现回避或攻击等一系列消极行为；同伴交往不良的幼儿则容易出现孤僻、冷淡、退缩、压抑或其他心理障碍。此外，消极的同伴交往不仅影响幼儿当时的心理健康，与其以后各年龄阶段出现的许多行为问题、人格问题、社交障碍等也有密切的联系。

(三)同伴交往对幼儿的学习和幼儿园适应具有不可忽视的作用

同伴交往为幼儿提供了大量的同伴间交流与讨论、彼此协商、相互学习的机会，有利于幼儿扩展知识、丰富认识、提高学习能力。同时，良好的同伴交往能够使幼儿在学习上得到同伴更多的支持，更容易对学习产生兴趣，更多产生自我肯定，因而也就更能发挥其学习的潜力。此外，积极、良好的同伴交往能够为幼儿提供各种关怀和帮助，从而有助于幼儿适应幼儿园生活。反之，同伴交往不良容易使幼儿更多出现适应方面的困难。

三、幼儿同伴交往中存在的问题

良好的同伴关系有利于幼儿身心健康发展，所以，培养幼儿与同伴的和谐关系是家长与教师的共同责任和心愿。然而，幼儿同伴交往的现状不容乐观。幼儿同伴交往中存在着不少的问题。

(一)当前在幼儿同伴交往中存在的一个突出问题是以自我为中心

现在的幼儿是在家中享有特殊地位的独生子女，在与同伴交往中更加以自我为中心。为人处世总以自己的兴趣和需要为出发点，很少关心他人。在自己的兴趣和需要受到影响时，他们往往情绪变化过快或过激，出现一些不友好的甚至有攻击性的行为。

(二)有的幼儿在同伴交往中不能够正确运用交往的手段

有些幼儿在和同伴交往时经常出现一些带有粗鲁、冲撞行为的动作，容易引起误会；或表现得较独断、任性，不愿意和同伴一起游戏，久而久之，他们就更不会主动与同伴游戏，这些不合群的心理特征严重影响着幼儿身心的健康发展。

(三)有些幼儿在同伴交往中有明显的攻击性行为

如骂人、踢人、推人、对别人吐口水、争抢玩具等。如果不及时矫正这些行为，幼儿会逐渐形成无礼暴躁、冷酷无情等不良情绪。

案例 4-4

有个4岁的男孩，他聪明好动，看见同伴在一起玩得开心，就前去观看，看见自己喜欢的玩具就一把抓过来。问他为什么要抢同伴的玩具，他很委屈地说："我不是抢玩具，我想和他们一起玩。"在一次自主游戏中，同伴跟他协商，用小汽车与他换变形金刚，他高兴极了，因为他最喜欢汽车，而且这个小小的交换带给他的不仅仅是快乐，还有交往方式的启示。自那以后，他不再盲目地去抢别人的玩具，如果他想得到某件玩具，总是要拿一件玩具去和同伴进行协商交换。

评析：从以上案例可以看出，协商和交换是一种良好的交往方法。起初，男孩的主观意识只是想参与交往，但行为上却不知如何交往。幼儿在与同伴的交往中，交往的方法不当，就会产生冲突；方法得当，交往才会获得成功。而成功的交往体验会养成良好的行为，促进幼儿交往能力的发展，并使之获得一些交往技能。

四、教师的应对策略

虽说幼儿与幼儿间的交往态度、行为在很大程度上是由幼儿群体的自身特征决定的，但教师可以为幼儿创造一个积极的交往环境，指导幼儿学习正确的交往方法，为幼儿创设与他人合作、分享的机会，从而有效地影响幼儿的交往态度和社会行为。

(一)引导幼儿学会相互交流自己的思想、感情

幼儿的观察能力比较差，尤其是自身还存在自我中心的倾向，不善于察觉他人的思想感情、需要等，缺乏对他人的情绪情感状态的认知、了解，这就会导致帮助、合作、关心、抚慰、同情等社会行为的缺乏。教师应引导幼儿向同伴交流自己的思想和感情，这有利于同伴了解别人的各种需要，进而产生帮助、合作等行为。并且，也能使得到帮助行为的幼儿学会正确的反馈方法。为达目的，教师在平时应让幼儿说说对某件事情的感受，教幼儿学会观察他人喜怒哀乐的表情，了解他人的情绪、情感状态等。

(二)在班级营造同伴之间互相关心、友爱的气氛

让幼儿学会正确的关心人的行为方式，让全班有一种相互关心、友爱的气氛是建立良好人际关系的一个重要内容。如果一个班的幼儿在没有你碰我、我碰你的拥挤状态下，没有相互嚷嚷，也没有向老师告状，而是相互礼让、询问关心时，说明这个班已经有了较好的班级气氛。这是帮助幼儿产生各种亲社会行为的极为重要的基础。这样的教导应贯穿于日常教育活动中的每一个细小的环节中。例如，游戏时要玩具共享，不能抢夺；不小心碰到别人时，应赶紧把他扶起来，并帮着掸掸土，说“对不起”，而当自己被人撞时，也别得礼不饶人，更不能因此又去打别人；相互间交往时应习惯说“请、谢谢、对不起”等礼貌用语。教师要鼓励缺乏交往技能或过分害羞的幼儿积极参与班级活动，并通过鼓励其他幼儿与其交往，使其得到更多的交往成功的愉快感，从而增强其自信心和积极愉快的情感。

(三)组织各种形式的游戏，促进幼儿同伴之间的合作和交往

游戏是幼儿园的基本活动，游戏活动也是幼儿获得交往技能技巧的重要途径，能在很大程度上满足幼儿的需要。在游戏中练习交往，用游戏的手段对幼儿进行教育既是最自然的，也是最受幼儿欢迎的。

如歌唱表演“我们都是好朋友”中，幼儿边唱边与同伴拉拉手、笑一笑、抱一抱，在这个过程中感受彼此的友爱，促进幼儿与同伴之间产生愉快的情感体验；音乐游戏“找朋友”中，幼儿边找朋友，边对朋友进行积极评价，使双方相互了解，增进友谊；体育游戏“刮大风”中(每一遍游戏寻找不同的伙伴)，让幼儿自由结伴拉起小手对付袭来的大风，刚开始的时候幼儿只是寻找一两个的同伴拉起小手，几遍游戏下来，孩子们逐渐变成了四五个同伴一起拉手，到最后全班小朋友和老师自发地围成了一个大大

的圆圈对付风爷爷，大家兴奋得不得了，情绪高涨，充分体会到了合作的快乐！在角色游戏和结构游戏中，可以让能力强的幼儿多带动能力弱的幼儿，让性格开朗的孩子多和内向的孩子接触，使幼儿在交往中取长补短，互相影响，共同商定、友好合作，感受到交往的乐趣。

（四）重视日常环节，提供幼儿同伴交往的机会

日常生活中发生的同伴交往是大量的、真实的、自然的。如晨间谈话、洗手、喝水、就餐、散步、自由活动等。其间及时运用随机教育和个别教育，对幼儿进行正面的鼓励和引导也会收到较好的效果。如午睡起床后，穿衣、系鞋带、叠被子的时候，有的幼儿需要帮助，教师可以建议他去找能力强的幼儿帮忙，并提示他运用适当的礼貌用语；穿衣服的时候鼓励幼儿互相帮助，并对别人的帮助表示感谢；散步或自由活动的时间提出一个幼儿比较喜欢的话题，或者鼓励小朋友之间谈谈来自幼儿园之外的消息。请大家和自己的好朋友说一说，聊一聊，这些都增加了幼儿相互之间的了解和交往。

在实际情境中，幼儿通过交往技能的训练，更能真正积累交往的经验。为此，教师要善于在日常生活中强化幼儿的交往技能。

第三节　教师和教师之间的关系管理

教师间的交往涉及班级、幼儿园是否具有良好的心理气氛。教师间如果相互关心、相互帮助，会给班、园带来一种温情的气氛，容易激发出积极的社会性行为。幼儿也会从中耳闻目染，不仅学会体察别人的情绪情感，也能学会正确、适宜的行为方式。

一、幼儿园班级管理中教师间建立和谐人际关系的必要性

（一）教师间建立和谐的人际关系是实现育人使命的需要

“一切成功的教育都是和谐的教育。”教师间和谐的人际关系对教学活动以及班级管理的展开都有重大影响。教师教育幼儿要团结、合作、互勉、理解、尊重、信任，把幼儿引向至真、至善、至美，教师首先要以身作则，为幼儿作出示范和表率。言出必信、言出必行。教师之间，要相互尊重、相互理解、相互支持、和谐融洽、合作提高，营造出一种良好的班级氛围和教研氛围。人际关系融洽了，教师们就能保持一种良好的心理状态，在工作中相互配合、合作研讨，形成集体智慧，共同完成教书育人的使命。教学质量得到了提高，幼儿们也把教师看作最信赖和仰慕的人，纷纷仿效学习，从而达到对幼儿德、智、体、美、劳全方位的熏陶和教育。

（二）教师间建立和谐的人际关系是建设文明幼儿园班级的需要

教师之间关系不和谐，经常闹矛盾，必然会给幼儿造成负面影响，师师之间、师生之间、生生之间的关系都不和谐，整个幼儿园班级就处于一种原始、野蛮的环境中，

到处都充斥着冷漠、嫉妒、对抗，文明班级无从谈起，文明幼儿园更无从谈起。反之，如果教师之间彼此友爱互助、团结协作、关系融洽，那么整个幼儿园班级就会是一个温馨、和谐、静谧、充满快乐的家园。

(三)教师间建立和谐的人际关系是完善人格的需要

一个人格健全的人应该是一个有着正确的世界观、人生观、价值观，对生活持有积极态度，能与人和谐相处的人。这种人有正确的是非观念，头脑灵活，有主见，热爱生活，与人相处，关系和谐。作为为人师表的教师，最起码是要拥有一个健全的人格，将自己和谐地融入幼儿园这个大环境里，为人谦和，与人友善，淡泊明志，宁静致远，方可称得上“人类灵魂的工程师”。

(四)教师间建立和谐的人际关系是提高班级管理效率的需要

一个和谐的氛围能让教师从中获得积极的情绪、开阔的思路，使教师能够理智地看待问题，正确地分析问题，妥善地处理问题，心情舒畅，有利于顺利地开展工作，迅速进入工作状态，提高工作效率。和谐的人际关系能够使教师得到许多有益的帮助，而这些帮助往往又是最积极、最有效的。且和谐的人际关系有利于形成班级团体优势，有效地实现管理目标。

二、幼儿园班级管理中教师与教师之间的人际关系

主要包括主班教师与配班教师之间的人际关系、教师与保育员之间的人际关系。

(一)主班教师与配班教师之间的人际关系

班内教师之间的关系是班级顺畅的基础，其关系是否和谐、配合是否默契直接关系到班级管理的好坏，也将影响幼儿的认知、情感、态度、行为等方面的发展。教师相互信任、相互帮助、相互补位是和谐相处的关键。首先，教师应该有高度的责任感，把班级当作自己的家，把关心教育幼儿作为自己义不容辞的责任。其次，为了让幼儿受到规范的教育，老师之间应多沟通，要做到以诚待人、坦诚相待，也就是相处要“真诚”，取他人之长、补自己之短，把成功的经验运用到对孩子的教育中，使教师与孩子共同进步、共同发展。努力为幼儿营造一个和谐温馨、充满爱的学习生活环境。教师刚配班时，有些不适应也是正常的，如果教师都能以诚相待，时时处处事事为他人着想，一切以工作为重，那么磨合期就会很快过去，教师之间就会很快适应，就会营造一个宽松、愉悦的工作环境。

主班教师既是指挥员又是战斗员，因而要做到严于律己、宽以待人，要信任、尊重、关心配班教师，做到以身作则，时时处处事事起带头作用，作出榜样，作出表率，切实起到排头兵、领头雁的作用，依靠模范带头作用来感染配班老师。

主班教师要与配班教师多沟通、交流。对于班级孩子的表现，如是进步了还是落后了，孩子最近有什么反常表现，对某某我们应该用什么方法激励他、鼓励他，某某

的性格如何等一系列的事情，主班老师应及时与配班老师沟通，交流意见和看法，这样既加强了老师之间融洽的关系，又有利于对幼儿的教育和班级的管理。

主班教师要坦诚地对待配班教师，这样，配班老师就能自愿服从主班教师的领导，班级就有凝聚力、向心力，班级管理工作也就自然上来了。

配班教师在课堂上除了要维持秩序，帮助处理个别情况（如个别幼儿尿尿）外，还应该和幼儿一同听课，在需要调动情绪时作出相应的反应。如在上课时，有的幼儿注意力不集中，配班教师可以和其他幼儿一起回答主班教师提出的问题，但声音要突出，将幼儿的注意力引到所学的内容上。有时，主班教师的一个眼神、一句语言的暗示，都可能是配班教师下一步需要去做的事情，这就需要配班教师在工作时注意力集中，灵活机动地应对一切事情。特别是在给新教师配班时，有经验的“助手”能令一节不成功的课改头换面，但不可喧宾夺主，配班教师要将自己的位置摆正，才能将一节课配得恰到好处。

在班级一日活动管理中做到主配班教师和谐地一起做工作，对幼儿的各方面发展将起到很大的促进作用。

（二）教师与保育员之间的人际关系

《幼儿园教育指导纲要》赋予保育员明确的角色地位：保育员也是教育工作者，其行为同样对幼儿具有潜移默化的影响；保育员应结合生活中的各个环节实施教育，并与教师密切配合，引导幼儿健康发展……

作为保育员重要合作伙伴的幼儿教师，应努力为保育员营造尊重、信任的人文环境，积极支持、指导保育员科学、有效地开展各项工作，从而确保“保教结合”“以保促教”的教育理念得以真正落实。

幼儿园一般配备“两教一保”，即两名教师一名保育员，三个人负责班级里的一切事务，他们是班级管理工作的主要承担者，是一个集体，每个人都应承担起自己在班级中的一份责任，既要分工明确，又要配合默契，形成一定的秩序，避免不必要的紊乱而导致工作的无序。这个秩序关系着幼儿在园的安全，关系着幼儿受教育的质量。如在晨练时间，保教人员如果各自为政，或者忙着交谈，那么就会在一定程度上造成幼儿放任自流的现象。所以，幼儿在班的每一个时间段，班级里的三位保教人员都要有明确的分工，有一定的秩序，才能默契地配合。每位保教人员在每个时间段对自己该做些什么都能做到心中有数，也确保了每个方位、每个时间段都有保教人员在引领着幼儿自由自主地活动。因此，班内保教人员之间配合是否和谐直接关系到班级管理的好坏。保教人员之间的关系和谐，是班级一切工作能否得以顺利进行的关键。保教人员相互信任，相互帮助是和谐的关键，在相处中必须做到“真诚”二字。保教人员的关系和谐，就会营造一个宽松、愉悦的工作环境。如在班级管理中，教师能坦诚对待同班保育人员，而同班保育人员也都能积极地配合主班教师做好工作，保育员能认真协助教师开展好每一次的教学活动，照顾好每一个幼儿，认真完成各项清洁工作。遇到有人请假，总会有人主动补位，使班级工作正常运转，为出色完成保教任务营造了良好的氛围。

班级，是幼儿园的基层组织，是实施保教任务的基本单位。它是幼儿所处的最贴近环境和最具体的生活场所，教师和保育员之间的交往方式是幼儿交往的范例；教师和保育员关系默契，互相尊重，互相帮助，和谐共事，给幼儿展现良好的情感氛围，给幼儿提供良好的交往范例，对幼儿的发展具有最直接的影响，幼儿的健康成长都直接取决于班级保教工作的成效。因此，保教人员在繁琐而紧张的一日活动中，要使幼儿园的班级管理工作卓有成效，就必须要有一定的方法和策略。

1. 相互关爱，营造宽松、愉悦、温馨的和谐氛围，是搞好班级管理的前提

宽松、愉悦、温馨的家庭式氛围的创设，对班级孩子的常规形成十分重要。必须建立班级成员的岗位目标责任制，合理安排班级的各项任务，协调保教人员之间的关系，使大家各司其职，各负其责。一个班级行为常规的形成，需要班级教师、保育员、家长几方面的共同配合才能完成。因此，班级保教人员必须相互关爱，相互理解，协调做好家长工作，营造出宽松、愉悦、温馨的和谐氛围，才能让幼儿有一个愉快学习和生活的环境。

2. 更新观念、转换角色，是加强班级管理的有效方法

随着《纲要》的颁布与实施，新的教育理念要求保教并重，教师由传统的知识传授者转变为幼儿学习的支持者、参与者和合作者，教师、保育员人人都是管理者。因此，班级活动的设计和组织安排，班级常规的制定，都必须让孩子、家长、配班老师和保育员走到班级管理的前台来，只有全员参与，班级管理才能收到事半功倍的效果。

3. 主班教师要处处用心，以身作则

要使别人爱“家”，自己首先做一个爱“家”的人，对“家”中的一切，如近阶段保教任务、班级物资管理、成员间的关系、每个人的情绪状态、身体状况等，都要了如指掌，要在精神上创造积极向上、勇于进取的氛围，在生活上时时处处关心班级成员，当发现有人情绪不好，要及时找她谈心，使其消除忧虑和不快，全身心投入到工作中来。

4-2[①]

保育员每天工作细则

一、每日工作常规

(一)上岗准备

1. 清洗双手：用肥皂、流动水洗净双手。

2. 整理仪表：换好干净的工作服，不戴戒指、不留长指甲、不披长发、不穿高跟鞋和拖鞋。

---

① 资料来源：中国幼儿教育网 www.jy135.com/…3/28943.html-2012-05-14

(二)清洁环境

1. 室内清扫：开窗通风，湿性清扫，用 250 mg/L 含氯消毒液消毒台面、矮柜面、教室门把手、窗台等。包干地区保持整洁，不留死角。

提示：①经常开窗通风，每天至少 2～3 次，每次不少于 30 分钟。

②消毒液也可使用 0.2%过氧乙酸。

2. 盥洗消毒：用 500 mg/L 含氯消毒液擦拭盥洗室门把手、扶手、洗手池龙头、面池台面、墙面、男女便器、便池踏脚处、地面等。

提示：①便器消毒每天两次，分别安排在午睡时和幼儿离园后。

②使用便盆的消毒要求：大便后用一次消毒一次；小便后用一次清洗一次，每日消毒两次，消毒时，浸泡 30 分钟，浓度为 1000 mg/L。

③用专用工具进行消毒：从外到里、从上到下、从干净区域到污染区域。

(三)幼儿饮水准备

1. 保温桶清洗：倒尽隔夜水，用流动水、专用清洁布由里至外清洗，然后倒入适量开水，摇晃水桶，冲洗水龙头和桶内，最后将水倒尽。

2. 水杯架清洗：用 250 mg/L 含氯消毒液消毒茶杯架和保暖桶的龙头。

3. 纯净水提供：将消毒后的水杯放入水杯箱内，放置时手不触及杯口，杯口朝上，杯柄朝外，关上纱门。准备好充足的水，供幼儿随时饮用。

提示：纯净水要求冬暖夏凉。

(四)早点餐饮

1. 桌面消毒：桌面先用清水擦干净，接着用 250 mg/L 含氯消毒液擦拭，20 分钟后再用清水巾擦净桌面。穿上餐点专用工作服并戴口罩。

提示：①餐桌每天要进行腿和桌面底部清洁工作。

②使用专用抹布，自上而下、从左到右，再擦四角边缘，抹布勤搓洗，湿度以不滴水为宜。

2. 分发点心：按人数先分发杯子、盘子，再分发牛奶、饼干。

3. 早点护理：创设温馨环境，护理幼儿用完早点，关注个别幼儿，指导得当。

4. 整理清洗：清水擦洗桌面，清扫地面，在专用水池中清洗牛奶杯、擦嘴毛巾，送到操作室架上。

提示：①专用清洁布清洗茶杯，由杯里及杯外清洗，无污垢。

②擦干盥洗室地面水迹。

(五)协助教师

1. 教学准备：早点时护理幼儿，配合教师进教室准备教学用具。

提示：注意幼儿安全，让吃完的幼儿在指定范围内休息。

2. 户外活动：活动前准备场地、器械，和教师一起带领幼儿进场地；活动中看护幼儿，使用毛巾隔背，照顾特殊幼儿。占立有利地形，注意幼儿在分散活动中的安全；活动后整理场地、器械用具。提供湿毛巾为幼儿擦汗。

提示：体育锻炼前与教师沟通，知道场地地点、器械用具，创设活动环境。

3. 自由活动：与教师共同管理幼儿活动，为幼儿有更多的活动空间提供保障。

提示：与教师分好场地，观察幼儿活动，无不利因素干扰幼儿。

4. 教学大活动：配合教师开展各类活动，按教师要求护理幼儿或参与活动。

提示：如是外出活动，要带好水、杯、消毒毛巾、尿湿后换洗衣裤等生活用品。

(六)午餐工作

1. 桌面消毒：桌面先用清水擦干净，接着用 250 mg/L 含氯消毒液擦拭，20 分钟后再用清水巾擦净桌面。穿上餐点专用工作服并戴口罩。

提示：使用专用抹布，自上而下、从左到右，再擦四角边缘，抹布勤搓洗，湿度以不滴水为宜。

2. 餐具分发：餐具放置操作台固定位置，按当天出勤实际人数发放。

3. 分发饭菜：取饭菜等安放操作台，按顺序盛发蔬菜、荤菜、饭、汤等。

4. 午餐护理：护理幼儿吃完自己一份饭菜。

提示：关心、指导营养不良和肥胖儿科学合理进餐，帮助幼儿安全、清洁、卫生吃完自己的饭菜。

5. 餐后整洁：幼儿用餐全部完毕后清洗桌面，收拾餐具送营养室，用温水、洗洁精擦洗桌面、地面，清洗毛巾。

提示：洗洁精清洗完桌面、地面后必须用清水洗净，保持不油腻。

(七)午睡工作

1. 睡前准备：与接班教师一起准备小床、放下窗帘、创设安静环境。

提示：教师交接班工作有严格的时间、节点，要准确把握好与其他教师的合作。

2. 护理整理：幼儿起床前 10 分钟进睡房，和教师一起照顾护理幼儿穿衣等，整理、叠放小床，安放储藏室，开窗通风。

提示：①必须护理幼儿穿好衣服再整理安放小床。

②如教师有教研活动，必须进教室带班，照顾幼儿午睡。

(八)下午点心

1. 桌面消毒：同早点。

2. 分发点心：按幼儿人数及点心的品种分发餐具，再分发点心。

3. 点心护理：同早点。

4. 整理清洗：清水擦洗桌面，清扫地面，在专用水池中清洗餐具，送到操作室架上。

(九)离园护理

1. 协助教师做好幼儿离园前准备工作，提醒幼儿带回物品、玩具、药品。

2. 提醒幼儿喝水，然后在专用水池中清洗茶杯、擦手毛巾，送到操作室架上。

3. 整洁环境，关好所有的门、窗和水、电开关。开启紫外线灯。

二、保育员周、月工作常规

(一)每周一次消毒玩具、小床、水桶、夏季席子

1. 每周用 250 mg/L 含氯溶液消毒小床一次。夏季每周席子消毒一次。

2. 水桶每周消毒一次：用 250 mg/L 含氯溶液的专用清洁布擦拭，然后清水反复冲洗至无消毒水的气味，再倒入开水涮洗。

3. 清洁用具(拖把、扫帚等)洗净后室外晾干，挂吊在有标签、规定的地方。

(二)每月工作

1. 教室、睡房、专用活动室及包干地区大扫除，要求达到环境整、齐、洁、美，玻璃窗明亮。

2. 每月将幼儿被褥分发给家长，请家长清洗、日晒，幼儿垫被、被子每月日晒两次。

3. 每月一次用 250 mg/L 含氯消毒液清洗空调过滤网。

提示：①发生传染病后，所有消毒对象与消毒液浓度均严格执行《儿童保健工作常规》中所定的规范要求。

②消毒药品、杀虫剂、洁厕灵等应放在规定之处、幼儿取不到的地方。

③每次接触幼儿食品和餐具以前、大小便后、干完脏活后均要用肥皂、流动水洗手。

④在接触幼儿食品和餐具以前，要穿上专用工作服、戴好口罩。

⑤每天做好清洁消毒工作记录。

⑥所有工具做好标记，专物专用，不混用。

本章小结

1. 幼儿园班级人际关系包括：①教师与幼儿之间的关系。②幼儿与幼儿之间的关系。③教师与教师之间的关系。④教师与家长之间的关系。

2. 教师与幼儿关系管理的策略：①关注教学活动中的幼儿。② 关注日常生活中的幼儿。③关注与幼儿的互动。④关注对幼儿发展的评价。

3. 对幼儿同伴关系的管理包括：①引导幼儿学会相互交流自己的思想、感情。②在班级营造同伴间互相关心、友爱的气氛。③组织各种形式的游戏，促进幼儿同伴之间的合作和交往。④重视日常环节，提供幼儿同伴交往的机会。

4. 幼儿园班级管理中教师与教师之间的人际关系主要包括：主班教师与配班教师之间的人际关系、教师与保育员之间的人际关系。

5. 本章从教师与幼儿之间的关系、幼儿与幼儿之间的关系、教师与教师之间的关系阐述了幼儿园班级人际关系建立的意义、内容、方法。探讨了师幼互动中教师应关注的问题以及幼儿交往中教师的应对策略，并对教师之间关系问题作出了分析。

练习与实践

一、简答题

1. 幼儿园班级人际关系包括哪些内容?

2. 简述师幼互动的策略。

3. 结合实际，谈谈你对幼儿同伴关系的认识与理解。

二、实践探索

【案例一】玩积木时，班里最小的豆豆看中了小雪手中的一块积木，两眼发亮，走过去二话不说伸手就抢，小雪左躲右躲就是不给，豆豆伸手就扭了小雪一把，小雪反手抓了豆豆脸蛋一把，两人都大哭。

【案例二】小朋友搭起小火车在园子里做游戏，玩得可高兴了，平时不爱说话的章章有点儿兴奋，大概是想跟排他前面的畅畅说点儿好玩的事，于是使劲扳畅畅的脖子，想让她回头，畅畅却以为受欺负了，生气地回头猛呵一声，吓了章章一跳，也让他很扫兴，但他不再解释，而是气呼呼地下了火车自己到一边坐着去了，集体活动的兴致一下子消失了。

【案例三】波波活泼聪明，反应灵敏，可有些时候控制不住自己的行为：喝水时推别人一下，排队时挤别人一下，别人游戏他有时就横冲直撞去捣乱，经常有小朋友来告他的状。有一次进行语言活动《说说我的好朋友》，他站起来很得意地说："心元是我的好朋友，帅帅是我的好朋友，翔翔是我的好朋友……都是我的好朋友!"没想到翔翔立即站起来反对："不是，我不做他的好朋友。"理由是波波经常在喝水的时候朝翔翔和其他小朋友身上吐水。接着又有几个孩子也声明自己不做波波的好朋友，让他很尴尬。

请看上面几个在幼儿园中捕捉到的镜头，然后思考：

(1)通过以上案例可以看出幼儿之间的同伴交往有什么特征?

(2)作为教师，看到这种现象应怎样引导?

阅读推荐

刘晶波．社会学视野下的师幼互动行为研究——我在幼儿园里看到了什么．南京：南京师范大学出版社，2011.

该书以幼儿园师幼互动为主线，力求反映师幼关系的现状，引导学生站在幼儿的角度，思考建立正常、良好的师幼互动。具有较强的实践指导性。

第五章　幼儿园各年龄班的班级管理

学习目标

- 了解小、中、大班幼儿的年龄特点。
- 理解小、中、大班幼儿的管理要点。
- 掌握小班入园管理、中班班集体建设、大班幼小衔接管理的内容、方法。

关键问题

1. 如何解决小班幼儿的“分离焦虑”，使其尽快适应幼儿园的集体生活？
2. 如何让中班幼儿学会自我管理？
3. 怎样做好幼小衔接工作？

案例 5-1

童言无忌

某中班孩子回家后开心地对妈妈说：“老师说明天要带肥料到幼儿园，我是值日生，要带好多好多！”妈妈一听急了，现在天这么晚了，到哪儿去买呀？孩子委屈地看着妈妈说：“我是值日生，要为班级做好事，我们家不是有好多肥料的吗，妈妈为什么不愿意给呢？”妈妈只好给老师打电话说明情况，当老师将实情告诉妈妈时，妈妈哈哈大笑！原来班级要求带的是废旧材料！

评析：从以上情景中我们看到，中班幼儿开始能够接受任务，而且对自己新担任的任务出现了最初的责任感。

一个人的幼儿期是奠定其终生发展最关键的时期，好的行为习惯将决定他终生的行为。

第一节　幼儿园小班的管理

一、小班幼儿的年龄特点

(一)身体机能日渐成熟

3～4 岁幼儿的身体比以前结实了，他们不像以前那样容易生病，身体的组织结构和器官的功能也都有所增强。3～4 岁幼儿的精力比以前充沛了，学习儿歌只要唱几遍就记住了，并且不容易忘记。神经系统的发展使幼儿可以连续活动 5～6 个小时，日间只需要一次睡眠。

小班幼儿喜欢跑、跳和踏小轮车等大动作，动作开始协调，逐步学会自然地有节奏地行走，但还无法控制在一段时间内持续某一动作。幼儿的动作协调了，喜欢追跑，喜欢和教师一起参加简单的体育活动；小班幼儿手部小肌肉发展相对较迟缓，但双手协调技能有了较大发展，他们会折纸，会用蜡笔画画，能使用剪刀有控制地沿线剪直条，动作逐步精细化了。

小班幼儿的一个显著进步，就是逐渐摆脱自我中心，学习按指令行动。在成人的指导下，他们形成了许多日常生活、游戏和学习活动时所必需的生活自理能力，如会自己用勺进餐，会自己穿衣裤、会解会扣较容易操作的扣子，会穿不用系鞋带的鞋子，会自己洗手等，这表明小班幼儿已开始能适应集体生活了。

(二)社会性开始发展

幼儿社会性的发展是在社会环境的影响下，在与周围人的交往过程中逐步实现的。由于每个幼儿和所处的家庭背景不同，因此，他们社会性的发展既受年龄因素的影响，又存在较为明显的个体差异。在社会环境的影响下，2～3 岁的幼儿开始具有最初步的对社会规则、行为规范的认识，能作最直接、简单的道德判断；喜欢与人交往，特别是开始喜欢与同伴交往，对父母及家庭外主要接触者都能形成亲近的情感。他们的自我意识开始出现，能区分“你”“我”“他”，但不会区分自己和他人的需求。同时，他们的情感、行为的冲动性强，自制力差，往往不能与人友好合作，常发生纠纷，需依靠成人的指导以协调交往。小班的幼儿，由于所接触的环境和人都还比较有限，因此对于新的环境，通常需要一个适应的过程。

二、幼儿园小班的管理要点

(一)入园管理

新学年开学，适龄幼儿离开父母和家庭进入幼儿园小班游戏和生活，迈出了其社会化进程中重要的一步。在这一过程中，由于直接面临着与家长的长时间分离，幼儿经受着分离焦虑所带来的痛苦。如何应对幼儿的“哭潮”，帮助幼儿克服分离焦虑，尽快地适应幼儿园的集体生活，成为入园管理的重要工作内容。

1. 家园合作，顺利克服分离焦虑

在幼儿即将入园时，教师可以请家长带领幼儿到幼儿园参观、玩耍，让幼儿熟悉幼儿园的环境，消除陌生感，同时指导家长在幼儿面前要正面介绍幼儿园，使幼儿有向往入园的愿望。

教师在幼儿入园前，要做好细致、耐心的入户指导。认真填写“幼儿园新生家庭情况调查表”，目的是了解幼儿的教养环境，同时和幼儿接触，消除幼儿对教师的陌生感，为幼儿顺利入园做准备。

入园的第一天可组织亲子活动，教师、家长一起帮助幼儿熟悉班级环境，指导幼儿认识自己的班级、座位、床、杯子、毛巾等，让幼儿喜欢新环境。

资料链接 5-1①

小班新生家长开放日

［活动目标］

1. 帮助新生认识幼儿园环境，减少新生对新环境的陌生感。

2. 家园配合，缩短幼儿的入园焦虑。

3. 增进幼儿园、家庭、幼儿间的感情。

［活动准备］

1. 教师布置好班级环境、每位幼儿桌椅、毛巾、杯子、床的标记一套。

2. 各种桌面玩具。

3. 家长从家里带来一个幼儿最喜欢的玩具。

［活动过程］

1. 家长带幼儿自由参观幼儿园和班级的环境，帮助幼儿在宽松的环境里熟悉幼儿园的环境。

教师与家长帮助幼儿认识自己的位置，知道自己和标记的关系(如每个幼儿对应一个小动物标记)。

2. 认识杯子、毛巾的标记，并在家长的带领下学习放杯子、挂毛巾。

3. 认识睡房和自己的床位，能在床上找到自己的标记。

4. 游戏：找找我的好伙伴。

(1)幼儿根据教师的指令，自己找座位，找对的幼儿奖励一个小五星。

(2)幼儿根据教师的指令喝水、放杯子、挂毛巾，做对的幼儿奖励一个小五星。

(3)幼儿根据教师的指令找到自己的床位，并能脱鞋上床等待。同样做对的幼儿奖励一个小五星。

---

① 资料来源：贵阳市第九幼儿园

5．玩具分享。

(1)将幼儿从家里带来的玩具以小组为单位进行玩具分享，让幼儿在最短的时间内熟悉身边的伙伴。

(2)幼儿间交换玩具，培养幼儿的交往能力。

资料链接 5-2①

幼儿园新生家庭情况调查表(仅供参考)

幼儿资料	姓名		性别		出生时间		民族	
	籍贯		出生地		分娩方式		出生体重	
家长资料	母亲姓名		出生年月		生产年龄		学历	
	母亲工作单位					母亲电话号码		
	父亲姓名		出生年月		学历			
	父亲电话号码					家庭电话号码		
幼儿教养情况	入园前主要教养人							
	起床时间		午睡时间		晚寝时间		大小便情况	自理（是、否）
								次数（　）
	进餐情况	自己吃		家长喂		进食量		
	活动情况	喜欢自己玩		多家人陪伴		愿意和小伙伴玩		户外互动较多
	喜欢的游戏、玩具							

资料链接 5-3②

入户指导

随着社会的不断发展，人们工作、生活节奏的加快，特别是独生子女家庭，孩子通常由老人或保姆接送，家长与老师接触的机会较少，对幼儿园的要求缺乏一定的了解，所以入户指导就成为一种有效的途径。

入户指导与家访既有共性又有区别。家访是到孩子家里与家长进行面对面的交谈以了解孩子情况，而入户指导是根据孩子情况进行的实地指导。如小班孩子王××小朋友语言能力发展较好，能说会道，活动量大，但不好好进餐，又不睡午觉，常影响

①② 资料来源：贵阳市第九幼儿园

他人休息。在与家长的交谈中了解到孩子从小由爷爷、奶奶、外公、外婆带大，对其非常娇宠，任其发展，任何事都依着她，所以养成她任性蛮横、不讲道理的个性。为此我们对其进行了指导。

首先，根据孩子的家庭情况，我们帮助家长为孩子开辟了一间适合孩子的活动空间，在墙上为孩子建立了光荣榜，告诉孩子光荣榜的用途，并表扬了孩子说话清楚、有序，能积极回答问题等优点，而且当场为其贴上红花，孩子非常地高兴。

其次，针对孩子不好好吃饭，只喝牛奶的情况，我们向孩子提出要求，每天回家要自己吃饭，睡觉前喝一次牛奶，睡觉以后不能再喝牛奶了，并告诉她：只要她做到了，妈妈和爸爸也会给她贴上红花的。

最后，我们向家长建议不要给孩子灌输尿湿裤子会被小朋友笑或羞的事，这样会增加孩子的心理负担，所以她不敢睡觉，一个中午老上厕所，应该告诉孩子尿湿裤子没关系，小孩子尿湿裤子是正常的事，老师会给你换的。

通过教师入户指导及家长的积极配合，王××小朋友不仅会自己吃饭，而且还会用正确的姿势吃饭，午休时也不用老师点名了，上床后就自己睡了，不会再影响别人休息了。

入户指导不仅能根据幼儿的情况给予家长正确的指导与帮助，而且让家长知道并清楚幼儿园的教育与要求，不仅能帮助家长创设良好的教育环境，而且增进了家长与孩子、老师与孩子、家长与老师之间的感情。

2. 创设良好环境，让幼儿真正喜欢幼儿园

在幼儿入园初期以良好的环境条件，如有趣的物质环境、丰富生动的活动环境、亲切宽松的人际关系环境等，来吸引幼儿。教师可以投放一些与家庭生活相关联的、让幼儿感受到既熟悉又亲切的、情感有所寄托的一些玩具，如娃娃家的锅、碗、瓢、盆、勺子、炉子、蔬菜、娃娃等玩具；幼儿可从家里带来的一些喜爱的电动汽车、玩具熊、布娃娃等玩具；以及能让幼儿爬爬、跳跳的运动器材等，利用环境吸引幼儿的注意力，转移幼儿想家的情绪。另外，教师亲切和蔼的态度，教师的关心、体贴会使幼儿从心理上感到安全，情感上得到满足。

3. 组织丰富多彩的活动，使幼儿真正感到幼儿园生活的快乐

开展丰富多彩的活动，如组织幼儿去玩大型玩具(娃娃城、滑梯、迷宫等)，组织幼儿玩沙土等；还可以开设各种活动区，在活动时教师参与活动，并且到各个活动区内照顾组织好幼儿。这样幼儿会完全放松地去活动，在自由自在的玩耍中，让他们感受到极大的乐趣和满足。教师还可以给幼儿讲好听的故事，带他们唱喜爱的歌曲，做他们喜欢的游戏，教师在游戏中充当角色，让幼儿感受到教师、小朋友在一起有无限的乐趣。当幼儿在活动中有一丁点儿进步，教师要及时给予肯定和表扬，让幼儿愉快度过每一天。

(二)生活常规管理

简单地说，幼儿园的常规管理就是教师设计的一些规则要求，如吃饭前要洗手、

玩玩具后要收拾等。但严格来说，常规是建立文明的规则，是为了令大家共同生活的环境更美好而制定规则。最终目的是建立更美好的集体环境。

1. 小班生活常规管理的内容

根据小班幼儿的生理、心理特点和常规教育的规律，从来园活动、盥洗、如厕、进餐、午睡、离园等几个环节来确定小班生活常规的内容。

在入园初期，培养盥洗、如厕、进餐、午睡等习惯是小班工作的难点。对于小班幼儿而言，建立常规要注意以下几点：①要求要比较简单、宽松。②在活动过程中教师要不断提醒幼儿，语言要以幼儿为本。③从少到多、循序渐进的提出常规要求。

培养常规不能盲目进行，要有一定的计划和目标，如：

盥洗活动：①在教师的帮助下，能够排队洗手、如厕。②在教师的指导下，能分清男女厕所，并学会正确如厕。③在教师的指导下，会用正确的方法洗手。

进餐活动：①在教师帮助下，能安静地进餐。②在教师指导下，会使用餐具，并能基本吃完自己的一份饭菜。③在教师帮助下，能基本不挑食。④在教师提醒下，学习收拾餐具，能初步做到桌面干净、地面干净。

睡眠活动：①在教师帮助下，学会解扣子，学会脱鞋袜，学会脱衣服。②在教师帮助下鞋袜放在固定地方。③按教师要求，轻声走进卧室。④按教师要求，临睡及起床时保持安静。⑤能在30分钟内按时入睡。

2. 小班生活常规管理的方法

(1)分组进行，优化组合

教师在幼儿刚入园时，了解幼儿的性格特点，将幼儿按照不同性格进行分组，每组以幼儿喜欢的卡通角色命名，本着以大带小、以强带弱、优化组合的原则进行分组。幼儿们对此都津津乐道，难题也就迎刃而解，而且这种分组体现了人性化、游戏化、趣味化的特点，特别容易被幼儿们接受。

(2)示范、模仿法

在运用这一方法时，改变以往单一说教的形式以及“不准这样”“不准那样”的戒律，采用有趣的教育方法，让幼儿在看看做做中主动、自觉地学习。比如，在进行点名这一常规活动上和晨间入园时，请能力比较强的幼儿做示范，其他幼儿模仿他的做法，既增强了幼儿的自信，又培养了幼儿互相帮助的精神。这样，幼儿在感性经验的基础上，就很容易掌握一些生活常规。

幼儿不但充满好奇心，而且极善于模仿，对于周围所发生的一切他们不仅看在眼里，记在心里，还会像镜子一样在行动上表现出来。因此我们教师必须时时、事事、处处注意自己的言行，切记身教重于言教，并时刻提醒自己是对幼儿们最有威信的榜样，注重细节动作，给幼儿做好表率，规范自己的言行，让幼儿在自己的带动下养成良好的习惯。

(3)结合儿歌、自编故事进行常规训练

幼儿对文学作品是最容易接受的，通过故事、儿歌等帮助幼儿在最短时间内掌握常规是行之有效的方法之一。在常规训练中，结合幼儿最易接受的儿歌和故事进行培养，幼儿在浅显的儿歌指导下，自然就掌握了这些常规要求。同时一些好的生活小故事也会对幼儿良好生活和作息习惯的养成起到意想不到的效果。

(4)寓常规训练于游戏中

幼儿喜欢在有趣的活动中接受教育，而游戏则是对幼儿进行常规教育的良好手段。可以利用“找朋友”的游戏，在教师的引导下认识自己的毛巾标记，学会用自己的杯子和毛巾。通过智力游戏“猜猜我是谁”，加深幼儿对班上教师的认识和对小朋友的认识，增进与教师、小朋友的感情。小班幼儿玩了玩具后容易乱扔、乱放，如果教师包办代替，替幼儿收拾玩具，是肯定不行的。教师应放手让幼儿学习逐步进行自我管理。教师可采取“送玩具回家”的游戏，让幼儿知道什么玩具该送什么地方，通过这样反复的游戏，培养幼儿玩具哪里拿的放回哪里的常规习惯。

资料链接 5-4[1]

好朋友，不分开

刚入园的小班孩子，睡午觉时脱下的鞋子总是随意乱放，起床后又经常会穿错鞋或找不到鞋子。这经常把老师弄得手忙脚乱，顾了这头，顾不了那头，有时还得趴在地上帮孩子找鞋，费时又费力。所以养成午睡的常规很重要。于是我就尝试着用孩子能乐意接受的游戏口吻教育孩子，帮助他们学习放好鞋子的方法。

有一天午睡前，我用游戏的口吻温和地对孩子说：“你们知道吗？小朋友的两只鞋子是两个好朋友，它们喜欢在一起说悄悄话，如果我们睡觉时，把它们东一只、西一只分开乱放，它们就找不到好朋友了，心里会非常难过。所以我们午睡的时候脱下鞋子，一定要把两只鞋子靠拢摆整齐，让两个鞋子朋友永远亲亲热热地在一起。”我一边说，一边把正确的方法示范给孩子看。果然，孩子们上床午睡时，都非常认真地把自己的鞋子放在了一起，有的孩子还拉着我去看，指着自己放整齐的鞋子说：“老师，你看，我把两个好朋友放在一起了。”就这样，孩子开始饶有兴趣地学习摆放鞋子的常规，通过每天地坚持和经常地提醒，这一常规很快就建立起来了。

资料链接 5-5

幼儿园常规训练

拍手儿歌：

抓住，放开，小手拍一拍。抓住，放开，小脑袋拍一拍。抓住，放开，小脸蛋拍一拍。抓住，放开，小小肩膀拍一拍。抓住，放开，大西瓜拍一拍。抓住，放开，屁股蛋蛋拍一拍。抓住，放开，藏到后面不出来。

---

① 宁波保韵幼儿园编：《幼儿教育活动集》，内部资料

安静活动：

1、2拍拍手，3、4点点头，5、6伸伸手，7、8不讲话，9、10快坐好

师：1、2、3

幼儿：我坐端。

师：7、8、9

幼儿：我闭口。

师：4、5、7

幼儿：我休息。（孩子们说完趴桌子上休息了）

找座位：

教师弹琴：135 — 531—

幼儿唱：老师我们坐好了。(1351531)

教师弹：1351(高音1)

幼儿起立。

教师弹：1531(低音1)

幼儿坐下。

教师弹：135 135 135 135 135

幼儿寻找自己的位子坐好。

幼儿排队：

小小手——摆摆动；小小脚——踏起来；小胸脯——挺起来；一二一，一二一……

洗手儿歌：

小朋友，来洗手，洗手先要挽袖口，洗手心，洗手背，洗手缝，洗手腕，看谁洗得最干净。

漱口儿歌：

小茶杯，手中拿，喝一口，咕噜噜，扑哧一口吐出来，看谁牙齿最干净。

午睡儿歌：

小手拍拍放枕边，身体转向右侧卧，风不吹，树不摇，幼儿园里静悄悄，我是一个乖宝宝，规规矩矩睡午觉。

午睡，午睡，先铺被，鞋子、衣服，摆摆好，脱裤，脱衣，静悄悄，安静，安静，睡着了！

吃饭儿歌：

大白米饭，豆腐鸡蛋，青菜肉汤，喷香喷香。我来扮个大老虎，啊呜！啊呜！全吃光！

第二节 幼儿园中班的管理

一、中班幼儿的年龄特点

幼儿园中班是学前教育中承上启下的阶段，也是幼儿身心发展的重要时期。

(一)中班幼儿生理发展特点

与小班幼儿相比，中班幼儿的动作进一步发展，他们的身体开始结实，体力较佳，基本动作更为灵活，不但可以自如地跑、跳、攀登，而且可以单足站立、会抛接球、能骑小车等，精细动作进入到最快发展时期，可以熟练地穿脱衣服、扣纽扣、拉拉链、系鞋带，也会折纸、穿珠、拼插积木等。动作质量明显提高，既能灵活操作，又能坚持较长时间。

(二)中班幼儿社会性发展特点

中班幼儿在集体中行为的有意性增加了，注意力集中了。集中精力从事某种活动的时间也较以前延长，小班集体活动为 15 分钟，中班为 25 分钟左右。他们能接受成人的指令，完成一些力所能及的任务。在幼儿园里，可以学当值日生，为班级的自然角浇水，帮助教师摆放桌椅等。在家里，能够收拾自己的玩具、用具，并能帮助家人收拾碗筷、折叠衣服等。此时幼儿已出现了最初的责任感。

在集体生活中，中班幼儿不仅开始表现出自信，而且规则意识萌芽，懂得要排队洗手、依次玩玩具等。具有初步的自我控制能力，如咬人、打人现象比小班时明显减少。当他们与人相处时，表现得有礼貌了，会主动说“谢谢”“对不起”等，此时幼儿的是非观念仍很模糊，只知道受表扬的是好事，受指责的是坏事，喜欢受表扬，听到批评会不高兴或感到很难为情。中班幼儿在成人的帮助下，还具有一定辨别是非的能力，所以当看见别人的不良表现时，爱向父母和教师告状。

中班幼儿喜欢和同伴一起玩，在活动中他们逐渐学会了交往，会与同伴分享快乐，还获得了领导同伴和服从同伴的经验。此时他们开始有了嫉妒心，能感受到强烈的愤怒与挫折。有时，他们还喜欢炫耀自己拥有的东西。当然，在集体活动中他们也了解和学会与人交往及合作的方式。

二、幼儿园中班的管理要点

(一)班集体的建立

中班幼儿的行为特点是自发性行为，他们喜欢做自己想做的事，不喜欢受支配，他们希望自己做的每一件事都是自己想做的，喜欢自己做主，所以建立中班的班集体常规，要和幼儿一起建立规则，使幼儿学会自我管理。

1. 尊重幼儿，共同讨论，共同管理

教师要以平等的对话者的身份解决问题。现实生活中，我们经常会听到教师习惯性地说“洗手吃点心”“不要乱丢玩具”等句子，但细细回味发现命令的口吻太强烈，幼儿遇到这些问题没有自己的思考，只是简单地按照教师的命令极不情愿地执行，并没有内化为幼儿的自觉行为，只是在外界压力下暂时地被动行为。这样的常规培养并不是我们想要的，所以我们在进行常规培养的时候，要采用幼儿容易接受的方式进行，把对幼儿的要求放在一个平等融洽的氛围中提出，与幼儿共同讨论，让他们感受到平等、满足和尊重，在爱的氛围里学习幼儿园的多种规则，让他们轻松愉快地接受并遵守幼儿园的规则。

在开学第一周就可以和幼儿开展一次关于班级建设的谈话，讨论班级要建立的规则。在尊重幼儿的基础上，讨论的内容可以有值日生工作、桌椅的摆放、午睡的自我管理、集体活动的自我管理、盥洗活动的规则、在活动室的行为要求、如何与小朋友相处等。由于规则是和幼儿一起讨论制定的，在执行时幼儿会乐意接受管理。

案例 5-2

老师发现中班的儿童在起床的环节中有些乱，儿童大声说话、不穿衣服就在寝室内随意走动等。在一次起床后，老师用一点儿时间与儿童讨论“起床时该制定哪些必要的规则，为什么需要这些规则，如果没有这些规则会出现什么情况”等问题，在讨论中很多儿童都发了言，有的说“大声说话会影响迟睡的小朋友不能多睡一会儿”，有的说“只顾说话忘了穿衣服会生病”。经讨论，儿童与老师一起制定出了起床时的规则——“起床时不可以大声说话、在寝室内不随意跑动、穿衣服动作要快”等。

2. 教师规范、以身作则，形成合力

首先，教师的行为是一个班集体的示范。在幼儿的眼中，教师就是榜样，教师怎样做幼儿就会怎样做。所以教师的行为必须是规范的，必须符合班级的要求。不能对幼儿要求一套，对自己又是另外一把尺子。比如，我们有的教师要求孩子离开座位时要把椅子藏在桌子下面，但老师常常在离开座位时忘记收椅子。久而久之，幼儿也会学着老师不再收椅子。同样在生活管理中，教师不规范和不执行所制定的规则，班级的建立同样是一盘散沙。比如，行走靠右，在睡房里保持安静，但教师从来不遵守，进入睡房还是在大声催促幼儿睡觉，最后形成的班风就是无序。

其次，一个班级的建立，教师之间的配合是关键。幼儿在园的表现与班级教师的密切配合也是分不开的。在班上两位教师要统一要求，不要各行其是，如果一个教师对幼儿严格而另一个放纵或者施教者今天严格、明天放松，那么幼儿会觉得很迷惘。如进餐环节，一个教师的要求是饭后必须将椅子靠墙边放好后安静地看书，而另一个

教师却要求幼儿餐后在室外自由散步，结果将会使这个环节中整个班级秩序杂乱无章，同时也会形成较大的安全隐患。我们要将相同的信息重复地输入幼儿的大脑中，这样才能使他们容易形成良好的习惯，否则教师付出了努力，但收效甚微。两位教师的密切配合还包括遇事有商量，出现异常情形多交流；统一常规习惯，并互相督促，坚持不懈使各项工作细致到位地做好。

只有教师达成共识，形成合力，班级的良好班风才能形成。

案例 5-3①

老师，你是不是也没排队

每次喝水时，总是有很多小朋友来“告状”。“老师，有人插队！老师，有人挤我！老师！你看他嘛！”经常会被他们吵得晕头转向的，尽管我针对此事多次教育孩子们，可是总有不听的。好像孩子们都是如此顽劣！

体育活动后，孩子们迫不及待地去喝水，秩序可想而知。我仍然能听到杯子碰撞的声音，仍然能听到“老师，又有人插队了”的告状声，仍然能看到一片狼藉的地面。这时的我一边琢磨着到底怎样才能让他们真正学会排队，一边也端起杯子，往保温桶走去，绕到孩子前面去，我拿着杯子正准备接水，一边扭着头对正在挤着插队的小尹说：“嘿！小尹！怎么能插队呢？都说几遍了，快！快到后面去接着排队吧”小尹耷拉着小脑袋对我说：“老师，你不是也没有排队吗？”此时，孩子们在小声地议论：“老师是没有排队，是不是大人就可以这样做？”这时的我收回正准备去拧水龙头的手。想了想：是啊！这会对孩子们产生什么样的影响呢？又怎能教育好孩子呢？于是，我没有说话走到队伍的最后面，跟着小朋友排队。孩子们用诧异的目光看着我。并纷纷地说：“快看，看老师也在排队呢！”这时，队伍变得有序了。杯子碰撞的声音没有了，地上的水摊变小了，告状的声音消失了……

评析：我们老师常常要求孩子们要有秩序，要排队，可是在教育孩子要有秩序时，老师们有没有想过自己的言行？也许这些在大人的眼里根本没有意义，但是对于孩子来说：这些就是他们的“榜样”啊。

(二)常规管理

1. 中班幼儿的常规要求

(1)生活卫生习惯

①用餐安静，能正确使用筷子，餐后能主动收拾残渣并擦嘴漱口。

②安静午睡，不打扰他人，起床后能主动整理衣物，学会扣扣子，保持服装、仪表整洁。

③能卷好袖子后再用正确的方法洗手，会用自己的毛巾将手擦干净。

④有主动饮水的意识，每次喝水在半杯以上为宜。

---

① 资料来源：贵阳市第九幼儿园

⑤能根据气温及活动情况，自己或求助他人增减衣服或垫干毛巾，不留长指甲。

⑥能根据需求主动如厕，并且能够用正确的方法擦拭，能拉好裤子，注意腹部保暖。

(2)行为习惯

①户外活动有秩序，听指挥，注意安全。

②主动维护班级、幼儿园的环境卫生，不乱扔纸屑，垃圾要主动放到垃圾桶里。

③轻拿轻放物品，游戏结束后主动收拾整理玩具，按要求归类放置。

④喝水、如厕、游戏等人多时能够排队。

⑤不在室内及走廊里乱跑、大声喊叫。

(3)说话习惯

①能安静、耐心地倾听同伴的讲述，别人发言时不插嘴。

②能积极大胆地表达意见，做到举手发言、轮流发言。

③学会连贯、完整的表达，语速适中。

④室内讲话控制音量，不大声喧哗。

⑤讲普通话，能在集体前大胆独立完整地讲述故事。

(4)交往能力

①乐意与人交往，学习合作和分享，感受合作、分享的快乐。

②能感受、体验集体生活的乐趣，能主动为他人提供帮助，为集体服务。

③理解并遵守与自己相关的行为规则。敢于面对和改正自己的错误，会赔礼道歉，保持乐观的态度。

④积极参与班级活动，能积极履行值日生的责任和义务，有主人翁意识。

⑤学习独立或在老师的帮助下处理自己和同伴的小纠纷。

⑥在成人的帮助下学会调节自己的情绪，不任性，不霸道，不怯懦，喜欢在幼儿园交朋友。保持快乐的心情，做事有自信心。

(5)学习习惯

①活动时专注认真，坐姿端正，注意力集中。

②在规定的时间内按要求独立完成学习任务。

③保持正确的书写姿势和握笔姿势。

④在学习过程中要做到有始有终，坚持到底。

⑤在学习活动中能主动参与，积极观察和思考，有求知欲望。

2. 中班幼儿常规管理的方法

一个班的常规好不好，直接关系到幼儿成长和教师组织一日活动的质量。如果常规没有建立好，教师在组织各环节活动中会因分散精力去维持秩序而影响活动的质量，幼儿也无法形成良好的习惯，所以常规教育是教育过程中不可忽视的部分。作为教师，要根据中班幼儿的年龄特点分析多种因素，选择正确的途径和方法进行常规培养。

(1)采用强化行为习惯法，注重个体差异

在全面培养的基础上，教师还要根据本班幼儿的个体差异，有针对性地进行教育。

如楠楠是班内个子最高、胆子最大、精力最充沛的孩子。每当提问，他总是不举手就大声嚷嚷；区域活动时，带着一群男孩子模仿奥特曼的武打动作，玩得让人心惊肉跳；平时总有幼儿来告状，说他打人，但批评多了，慢慢也就失效了。教师把他列为重点观察对象，采用取长补短的方法，来改变他。利用他语言表达能力的特点，把好插嘴转化为在教育活动中的积极发言；利用他自我服务能力强的特点，把好动转化为热心为同伴服务；利用他号召力强的特点，把打人变成约束自己争做小老师。这样，他忙着帮这帮那，也就没时间淘气捣蛋了，他的短处逐渐得到了克服。半年下来，他变成了班上的小骨干。

(2)按照时间表和要求进行活动，搭建奖励平台

如到吃饭时间要吃饭，玩玩具要遵守规则，其中对户外活动要求要特别注意。搭建奖励平台，这一方法就是给孩子制作一张表格，每一次孩子做了值得表扬的事，就画一颗星，并写下来几月几号受到表扬。集到五颗或者十颗星就可以给孩子一个奖励，不要用物质奖励，用精神奖励，比如拿了十颗星后，老师为孩子唱歌。你会发现孩子对星星非常重视，他会为了获得星星而改正行为。

(3)灵活运用多种方法处理遇到的问题

第一，冷处理。冷处理就是不管孩子，完全不反应。例如，一对家长带着四岁孩子逛商场，孩子为了买一个玩具在大庭广众下滚地哭闹，两夫妻一个看书一个看报纸，根本不理睬她，十分冷静。孩子哭闹时见大人没有反应就知道这一招不管用，就不哭闹了。不过冷处理了，要及时教育孩子假如有需要、想要得到什么，应该用正确的方式表达出来。

第二，同伴教育法。同伴的影响对孩子的常规形成也有不可替代的作用。在老师直接教育没效果的时候，利用身边的孩子影响孩子。

第三，正确示范法。就是老师要正确示范，要跟孩子一块做，不仅是跟孩子讲，讲是没用的，幼儿阶段一定要配合正确的示范，一步步、慢慢地做。

第四，换位思考。让孩子换一个角度思考，这一招用在孩子之间的摩擦问题上最有效，让孩子想一想自己是那个被欺负的孩子，会有什么感受。这种思维习惯对孩子的成长很有帮助。

资料链接 5-6①

一半政策

幼儿到了中班的第二学期，应加强对孩子自理能力的培养。如自己穿衣服、系鞋带、扣扣子。在午睡的常规中，开始学习自己叠被子。对于在家很少自己做事的孩子，要学习自理还真有点儿难度。我灵机一动想了个办法，叫“一半政策”。

学叠被子，我给孩子叠一半，而另一半留给孩子叠，让他们按照老师的样子和方法把被子叠好。对于那些还不太会系鞋带的孩子，我帮他们系一只鞋，另一只留给他

① 宁波保韵幼儿园编：《幼儿教育活动集》，内部资料

们自己来系；对于个别还不太会穿衣服的孩子，我帮他们穿进一只衣袖，另一只留给他们自己……总之，“一半政策”很有用，在孩子学习常规中，既给予一定的帮助，又留有挑战的余地，难易程度适当，孩子容易接受。

第三节　幼儿园大班的管理

大班是在幼儿园的最后一年，这是孩子从幼儿园到小学之间的一个转折期，也是孩子从游戏阶段向学习阶段转折的一个时期。要帮助孩子更好地度过这样一个转型，首先就要了解大班孩子的年龄特点。

一、大班幼儿的年龄特点

（一）自我评价能力逐步发展，自理能力和劳动能力明显提高

5岁以后，儿童的个性特征有了较明显的表现，其中最突出的是儿童自我意识的发展。这一时期儿童自我意识的发展主要体现在自我评价的能力上。同时这一阶段的儿童在生活自理方面较之前更独立了，他们能选择喜欢的、适合自己的衣服，能用筷子吃饭、夹菜，也能不影响别人安静地入睡。

学前后期的儿童已能将劳动与游戏分开，对劳动持认真态度，关心劳动结果，也能初步理解一些劳动的社会意义：他们喜欢参与成人的劳动，在家里会扫地、擦桌子、整理自己的用品。在幼儿园里能做一些力所能及的事，在劳动中表现出一定的责任感。

（二）情感的稳定性和有意性增长，规则意识逐步形成，合作意识逐渐增强

5、6岁儿童的情感虽然仍会因外界事物的影响而发生变化，但他们情感的稳定性开始增强，大多数儿童在班上有了相对稳定的好朋友。在相互交往中，该年龄段的儿童开始有了合作意识和规则意识。能与三五个小朋友一起开展合作性游戏。他们逐渐明白公平的原则和需要服从集体约定的意见，也能向其他伙伴介绍、解释游戏规则。

针对这个特点，家长可以为孩子们创造一些机会：家庭聚会、公园里的同伴游戏、看电影活动、春游、秋游、采摘……孩子们在一起相互之间年龄相近，有共同的兴趣与爱好，让孩子们在这样的活动中有利于孩子们相互模仿、相互学习，促进孩子的发展。

（三）活动的目的性、计划性、自主性、主动性提高

大班幼儿处于幼儿时期发展的最高阶段，又处于小学前准备阶段，他们在生理和心理方面有自己的特点，随着年龄的增长和心理各个方面的发展，大班幼儿不再满足于追随、服从，而是有了自己的想法和主见，他们活动的自主性、主动性水平明显提高，这需要老师和家长适当放手，无论是在学习方面还是在生活方面更多让孩子自己做。我们有时只是为他们创造适当的条件，真正动手做的人应该是孩子。

针对这个特点，家长可以在家中为孩子提供一些机会，如外出旅游、家庭外出、家庭事件……都可以让孩子们参与进来。与孩子讨论外出乘坐什么交通工具更适合，既利于外出，又节省时间……让孩子学会根据自己的需要做选择、做决定。让孩子也说一说自己有什么需求，想做什么事情，想到哪里玩……给孩子发言权。

二、幼儿园大班的管理要点

(一)入学管理

幼小衔接是依照儿童身心发展的特点，协助儿童顺利地从幼儿园阶段过渡到小学阶段。幼小衔接是儿童身心发展的客观需要，是由儿童身心发展规律决定的，它主要包括外在学习环境的衔接和儿童内部精神的衔接。

1. 关注幼小衔接时常见的心理问题

(1)生理、心理发育不成熟，对小学有陌生感和恐惧感

学前儿童虽然在感知、思维、注意、记忆、想象等方面都有一定的发展，但是他们由于对外界的新异刺激缺乏准备，从而导致精神紧张，无所适从。比如害怕上学，需要家人陪伴，过分依赖家长和老师。

(2)自制力差、自理能力差

学前儿童由于知识经验贫乏、活动能力有限，不能很好地控制、掌握自己的行为，做事往往有始无终，缺乏恒心。例如，有的孩子在老师上课的时候想出去玩就出去玩，想吃东西就吃东西，在40分钟的课堂时间里不能按照老师的要求进行学习。

2. 面对幼儿园和小学的主要差异

(1)活动形式、教育内容、教学方法的变化

幼儿园以游戏为主要活动形式，幼儿可自由选择自己喜欢的玩具和同伴，每天户外体育活动一小时；而小学平均每天4～6节课，每节课40分钟。幼儿园以发展口头语言为主，学习周围环境和日常生活中粗浅的知识技能；而小学以学习书面语言为主，强调系统的文化知识教育和读、写、算的基本训练。幼儿园从幼儿思维的具体形象性出发，较多采用直观教具和多样化的方法；而小学形象化的教学方法逐渐减少。

(2)生活环境的变化

幼儿园的活动室美观、形象并富有幼儿情趣，设有自然角、玩具柜、图书架，各类区角活动及体育设施。而小学的教室多数只有桌椅，座位固定，没有玩具、图书和其他设备，对儿童缺乏强烈的吸引力。场地上的运动器械多半是全校合用的，供低年级享用的机会较少。

(3)师生关系的不同变化

《新纲要》中指出：幼儿教师是幼儿的支持者、合作者、引导者。幼儿教师全天参加儿童的游戏、娱乐、日常生活等各项活动，对幼儿的冷暖、饮食、睡眠、如厕、清

洁卫生各个方面都照顾备至，个别接触与谈话的机会较多，师幼之间形成了亲密融合的心理气氛。在小学，教师主要精力放在教学上，重视完成各科教学大纲，注意教材的进度、作业批改及课堂纪律，对学生生活较少问询。教师与儿童的交往，主要放在课堂上。多数教师态度严肃，要求严格，批评、斥责比较严厉，增加了幼儿在适应中的心理距离，感到压抑和生疏。

3. 采取有效入学管理的途径与方法

做好幼儿园与小学的衔接，使幼儿尽快适应小学的生活，是一个较为复杂的问题，紧紧依靠幼儿园的力量是难以解决的，需发挥幼儿园、小学、家庭三方面的积极性，共同做好工作。

(1)幼儿园、小学要全方位做好准备工作

幼儿进入小学前必须达到一定身心发展水平，才能适应小学的学习和生活，而幼儿的身心发展水平在很大程度上取决于幼儿园的保教质量。入小学后，学习环境、内容、节奏等发生很大变化，要求儿童从体力、精力到心理等方面适应。要求幼儿能承担紧张的脑力劳动和具有独立作业的能力，要有健壮的体质，较好的耐力和抵抗力，以及协调的动作能力。在幼儿园阶段要保证幼儿充足的营养和休息，防治疾病，注意安全，使幼儿身心健康。要重视体育活动，积极锻炼体格，增强体质。因此幼儿园必须通过各种保教手段提高幼儿各方面的素质，增强环境适应能力，促进幼儿身心的全面发展。

幼儿身体方面的准备：

①通过体育锻炼、疾病预防增强幼儿体质，使他们能够身心健康地迈入小学。

②为了让幼儿能够较快地从幼儿园生活过渡到小学生生活，采取适当延长幼儿学习时间、减少游戏时间等方法。

③在日常活动中培养幼儿正确的读书、写字、握笔姿势，同时，让幼儿懂得保护好自己的眼睛及各种感觉器官。

④注重安全方面教育，让幼儿懂得并遵守交通规则，学会看红绿灯，走人行道；有困难找警察，记住各种急救电话；知道不能玩水、玩火、玩电。

⑤坚持生活制度的规律性，健全神经系统的正常发展，关心幼儿的情感和自制调节能力；保护和训练幼儿的感官，特别是视觉、听觉器官，充分锻炼幼儿小肌肉的动作能力，培养幼儿独立生活的能力。

幼儿独立生活能力的准备：

①通过谈话、故事、社会实践培养幼儿的独立意识，增强独立解决问题的能力。让幼儿感知到，即将成为一名小学生，生活、学习不能完全依靠父母和教师，要学会自己的事自己做，遇到问题和困难自己要想办法解决。

②能独立进餐、如厕、游戏、劳动，完成力所能及的任务等。

③培养幼儿的时间观念，在学习生活中，要学会自我观察、自我体验、自我监督、自我批评、自我评价和自我控制等，让他们懂得什么时候应该做什么事并一定做好；什么时候不该做事并控制自己的愿望和行为。

幼儿学习方面的准备：

①不迟到早退、不随便请假。

②培养孩子学习方面的动手操作能力。

③在教学活动中让幼儿养成爱想、爱问和认真回答问题、注意倾听的习惯。

④通过适当地布置作业培养幼儿的任务意识，在游戏、活动中加强幼儿规则意识的培养。

⑤对常见的事物能进行初步的分析、归类、比较，形成简单的概念，在集体中能大胆讲话，发音正确，口齿清楚，语句完整连贯，清楚地表达自己的思想见解。

⑥结合主题模仿学校要求让幼儿学习有关的常规知识：学习整理自己的书包、铅笔盒，爱护并看管好自己的物品，学会使用剪刀、铅笔刀、橡皮、刨铅笔和其他学习工具。

⑦培养幼儿学习的兴趣和求知欲。幼儿园不仅要用生动形象的内容来吸引幼儿喜爱学习，更重要的是激发幼儿的学习兴趣，有学习新知识的要求和愿望，从学习中得到满足和愉快，产生学习的主动性、积极性，得到可持续发展。

⑧重视幼儿非智力因素的培养。培养幼儿良好的个性品质，如保持愉快、饱满的情绪、活泼开朗，学会分享、合作、互助。

其他准备工作：

①做好幼儿园大班后期工作。幼儿园大班应更集中、更直接地对儿童进行入学准备教育，为幼儿做好体力、智力、品德、意志和生活习惯各方面的入学准备。幼儿教师要向大班幼儿介绍小学情况，并创设条件使幼儿能与小学有直接接触的机会。

②组织幼儿参观附近小学，逐步熟悉小学环境，观察一年级上课情况，培养幼儿上小学的欲望。

③组织幼儿参加少先队活动，树立戴红领巾的光荣感；组织大班幼儿和小学生一起春游、开联欢会或进行其他活动等，增进幼儿和小学生之间的友谊。请一年级小学生回园谈学习体验与收获。

④做好大班幼儿的毕业离园活动。举行毕业典礼，可邀请小学教师或小学生代表参加，会上有代表讲话表示祝贺和对孩子的美好祝愿，并提出希望。中班小朋友可向哥哥姐姐表示庆贺或互相赠送自己制作的礼物，会后还可拍照留念，使整个结业会在热烈气氛中进行，使幼儿充满欢乐和自信，迎接新生活。

(2)家庭是做好幼小衔接工作不可缺少的因素

家庭要重视幼小衔接工作，激发幼儿入小学的积极性，家长要了解幼儿园、小学在各方面的区别，及小学对新生的要求，了解孩子的发展水平和存在的问题，调整教育方法，带幼儿参观小学，接触邻居小学生。

安排好孩子的假期生活，制定科学的暑假作息时间表，安排好孩子的生活、学习，使之有规律。培养巩固孩子的生活自理能力和良好的生活习惯。

帮助孩子度过“困难期”。孩子即将进入陌生的学习环境，面临新的学习任务和与人交往，家长要助孩子一臂之力，照顾好孩子，保证充足营养；帮助孩子解决小学中的困难，进行正确启发、诱导；引导孩子正确处理学习与玩的关系，正确对待与同伴交往中的矛盾，学会商量，懂得谦让。如果遇到难解决的问题应主动向小学教师联系。

总之，入学管理是教育整体改革上的一个重要内容，只有搞好幼小衔接，才能使儿童身心健康发展，保证基础教育质量提高。

资料链接 5-7①

主题系列活动：我心中的小学

［活动目标］

1. 向往小学生活，初步了解小学的环境设施、升旗活动、作息时间、活动内容等与幼儿园不同。

2. 能大胆地访问小学生，提出自己想知道的问题。

［活动准备］

1. 事先与附近的小学联系好参观事宜。

2. 准备好纸张、笔及幼儿自己设计的问卷。

［活动过程］

一、激发幼儿参观小学的愿望

1. 谈话：再过几个月，我们就要从幼儿园毕业了，我们要到哪里上学呢？小学是怎样的？(幼儿自由讲述自己对小学的认识)

2. 教师向幼儿介绍活动的内容，提出参观要求。

(1)在路途中不打闹、不追逐。注意公共卫生，不随地吐痰、不乱投垃圾。

(2)参观活动时遵守学校的制度，不拥挤、不准大声喧哗，保持安静。

3. 组织幼儿前往小学参观。

二、参观小学，初步了解小学的环境设施、升旗仪式、作息时间、活动内容等与幼儿园不同

1. 看校牌，知道小学的校名。

2. 列队，参加小学的升旗仪式，感受少先队员的光荣感，产生对上学的渴望。

3. 参观校园，了解各场所的用途。

4. 请幼儿观察：小学生的教室里有些什么？课桌椅是怎样放的？小学生带些什么物品(看小学生的书包里都装了些什么)。

5. 在学生上课之前，教师请幼儿观察：

(1)上课铃声响了代表什么？小学生是怎么样准备的？学习用品怎样放置？

(2)观察小学生的坐姿。

(3)老师提问后，学生怎样举手发言的？是如何注意听讲的？

6. 请小学校长讲话，激发幼儿争做小学生的愿望。

7. 与小学里的老师、小学生交流谈话，在自己的问卷上以简笔画形式记录。

---

① 资料来源：贵阳市第九幼儿园

(二)常规管理

大班幼儿在经过两年的幼儿园生活后，已形成了较规范的良好行为习惯，随着幼儿自控能力的提高，良好常规的培养较中小班轻松了许多，大班的重点放在幼儿的自制管理上。

1. 大班一日常规的内容与要求

(1)晨间入园与离园

①能高高兴兴来园，愉快地和家人道别，向老师和同伴问早、问好。遇到熟悉的人会主动问好。

②愉快主动接受晨检，会告诉老师自己身体的不适。按号数插好自己的晨检牌。

③不带危险品、零食入园，将自己的物品放在指定地方，值日生主动帮助老师排好桌椅、摆放玩具、整理活动室、管理自然角。

④离园时带好自己的物品，整理好自己的仪表，不独自离园，不跟陌生人走，能主动跟老师和小朋友道别。

(2)盥洗、进餐活动

①有秩序地盥洗，用正确方法洗手、擦手，不玩水，洗好后关紧水龙头，节约用水。

②值日生协助老师分发餐具、点心，餐后主动擦桌子，整理桌面。

③专心进餐，不挑食、偏食，尽量不掉饭菜，保持桌面、地面干净。餐后正确使用毛巾擦嘴、脸，用温开水漱口。

④吃饭时一手应扶碗，一手拿筷子。餐后自己清理桌面，将自己的椅子拿到指定的位置。值日生自觉留下维持秩序并整理教室。

⑤要求幼儿吃饱，鼓励幼儿添饭，端饭时应自觉排队，饭后轻放餐具，餐具摆放整齐，餐后组织幼儿进行安静的活动，如散步、看书等。

⑥能接适量的水，不过多，不过少，不把水洒在地上。

(3)集体教育活动

①注意力集中(能稳定15～20分钟)，有兴趣地参加集体学习活动。

②在活动中手脑并用，能独立、认真地思考问题。在老师的启发下培养初步解决问题的能力。

③知道要说话先举手的道理，得到老师允许后再发言。能用较标准的普通话回答问题，大方自然、吐字清楚，声音响亮适宜。能勇敢地在集体面前讲话。

④能安静地听老师和同伴讲话，不打断别人的讲话，不插嘴。

⑤愿意协助老师准备学习用具、材料；学会正确使用和爱护各种学习用具、材料；用完后在老师的指导下学习收拾和整理学习用具、材料。

⑥在活动中能保持正确的坐、写、画的姿势，在老师或同伴的提醒下能自觉纠正不正确的姿势。

⑦掌握正确的与同伴交往的技能，能和同伴商量或讨论教师提出的问题或要求；学会和同伴共同使用学习用具、材料。

⑧知道珍惜自己和别人的活动成果，学习正确评价别人和自己的作品。

⑨喜欢参加阅读、散步、观察等其他教育活动。学习和掌握基本的阅读技能方法，爱护图书；懂得按顺序观察画面；尝试用语言讲述画面内容。

⑩散步时初步懂得用感官去观察周围事物；喜欢动脑筋。学会用一定的顺序进行观察；学习用多种感官去观察。能根据所观察的事物提出问题，回答问题。

(4)户外体育活动及早操

①能整理好自己的服装参加活动。

②在指定的范围内活动，不玩危险游戏。乐意与同伴一起玩，不争抢玩具，互相谦让。玩后主动收拾并分类摆放玩具。

③教幼儿正确使用活动器械，不争抢、安全地玩，活动后将玩具归类收放整齐。

④听到音乐迅速排好队，认真做操。做操时精神饱满，眼睛看老师示范，耳朵听音乐节奏，动作到位。

⑤会主动擦汗，休息后及时主动自觉补充水分。

⑥活动结束能按老师的指令排队回班级，不逗留，提醒幼儿上下楼梯靠右走，不互相推挤，注意安全。

⑦要求在户外不吵闹、不推挤，有安全意识和自我保护意识。

(5)劳动

①学习独立地做自己的事，知道自己的事自己做。

②愿意做爱劳动的孩子，能积极愉快地接受成人和集体的委托，并努力认真地去完成。

③能认真做好值日生工作，愿意为同伴和集体服务，乐意帮助大家，培养初步的责任感和任务意识，知道为集体做事光荣。

④在教师的带领和指导下，学会整理玩具，打扫活动室卫生，布置活动室环境。会简单的劳动技能，如扫地、抹桌椅等。

⑤学会简单的种植和饲养技能，会使用简单的劳动工具。会照料动植物的生长。观察动植物的变化，并用画图的方式记录下来。关心爱护动植物。

(6)游戏活动

①喜欢参加各项游戏活动，逐步按规则要求开展游戏。

②能按自己的意愿选择游戏。学习和同伴商量着玩，一起玩。不经别人同意，不随便翻拿别人的东西。

③爱护玩具，轻拿轻放，学习整理玩具。

④根据游戏的需要，会按照图片和根据自己的想象，用结构材料进行造型，掌握一定的拼搭技术，并能用言语表达。能用多种材料自己制作简单的玩具，丰富游戏内容。

⑤在游戏中能较恰当地使用礼貌语言。明确角色意识，并会逐步开展角色间的交往。

⑥遇到困难，能动脑筋想办法解决；遇到纠纷能在老师的帮助下商量解决。

2. 大班幼儿常规管理的方法

大班幼儿不是不懂常规要求，只是为了表现他的自我能力，会和老师故意反着做或对抗。所以，大班的常规建立要让幼儿了解常规的真正意义，而不是老师的说教。

(1)和幼儿讨论建立常规的意义

比如，为什么喝水要排队，不排队会有什么样的后果，要排几个人，有什么是不能做的，遇到冲突怎样处理，怎么做才不会造成伤害。只有在幼儿完全理解常规带来的好处，即让大家获得更舒适、安全的环境，幼儿才会自觉遵守常规。

(2)共同制定常规要求，相互监督，相互提醒

在执行常规的过程中，教师应尽量让幼儿自己解决问题，实在是不可调和的，教师再参与。这样做，不但是为幼儿提供高层次的常规教育，教师自己也减了负担。

(3)站在幼儿的角度思考，及时采用多种解决方法，保证常规要求切实可行。

不管教师怎样制定常规，还是会有幼儿不遵守规则。教师要站在幼儿的角度去思考，感受幼儿的感受，找到原因有效解决。如首先考虑常规要求是否超出幼儿的能力，如老师要求幼儿排队，但队伍太长，等待的时间已超出幼儿的耐心，久而久之，队伍就开始躁动，开始说话。这种超出幼儿能力范围的常规只能让幼儿厌恶，也就不可能建立良好的常规了，所以要及时调整要求。其次是观察幼儿的情绪是不是不好，是不是因为情绪不好，所以不想做。老师要根据孩子平时的情况进行判断，如果平时都守规则，但今天却没有，老师就应该让孩子休息，不要给他太大的压力。最后是考虑孩子是不是想引起老师的注意。老师的惩罚也是一种关注，孩子希望老师关注他，所以才有意犯错。对待这种孩子，老师可以采用“取代法”，对孩子的错误行为采取“冷处理”，同时教育幼儿用正确的方法取代错误的方法。当孩子用正确的方法时，老师立即反应，让孩子知道做对了老师才会关注他。

三、注重软环境的品质

软环境是常规的灵魂，软环境指的是老师的素质、态度。老师不应把自己当成是班级的统治者、管理者，而应把自己当成是引导者、共管者。要求幼儿遵守的，老师也一定要遵守。老师还必须注意自己的情绪，不能为发泄情绪而对孩子有粗暴的语言和行为。这样不但对工作没有帮助，反而会让其他孩子学习老师的行为，令常规更差。

第四节 幼儿园混龄班的管理

混龄教育，是指将年龄相差12个月以上的幼儿编排在一个班级，让不同年龄和发展水平的幼儿身处同一环境共同学习、游戏和生活的一种教育组织形式。

它为幼儿提供了一个近似家庭的生活学习环境，贴近幼儿生活的现实社会。有利

于幼儿社会化的发展。混龄教育对于老师的要求很高，因为混合班中的孩子年龄不一样，势必要求老师只能开展因材施教的教育，也就是说老师必须关注每个个体，用适合每个孩子的不同方法进行教育，这包括年龄、兴趣、能力水平等特点。

一、混龄班幼儿的优势与不足

(一)优势

1. 混龄教学活动能有效地促进幼儿学习的主动性

在混龄教育中，我们利用幼儿间同龄互动、异龄互动共同促进的方法来培养幼儿学习的主动性。在混龄教育中幼儿有更多的机会做他们感兴趣的事。这种自发的、内在的学习会让幼儿全身心地投入预想和解决问题的过程中。如果我们希望幼儿能成为有智慧的问题解决者，最好的方法就是给他们大量做自己感兴趣的工作的机会，让他们自己来理解所面临的各种问题。

2. 混龄教学有效促进幼儿语言发展

培养幼儿对语言的理解和表达能力，及具有良好的听、说习惯和语言交往兴趣是非常重要的。在温馨的混龄班级里，每个幼儿都是这大家庭里的一分子，在自由、轻松而随意的氛围中，这些幼儿在语言上更明显地表现了想说、愿说、敢说，并喜欢共同感受说的快乐。在这一时期，若进行有效的混龄教育，让年龄较大的、口语表述能力较强、词汇量较多的幼儿影响年龄较小的幼儿，让其相互促进，确实对幼儿语言发展有重要作用。

3. 混龄教育活动有效促进幼儿思维的发展

实践证明，混龄教育中的幼儿，由于年龄的差异性，在各种教育活动中，年龄小、能力低的幼儿总是能通过观察、模仿年龄大、能力较强的幼儿从而学习、构建自己的知识结构。混龄幼儿直接的互动对其智力和思维能力的发展是非常有意义的。

综上所述，混龄教育确实是有利于幼儿身心全面和谐发展的。混龄班的幼儿大多性格乐观，善于与周围人交往，他们独立性强有着强烈的好奇心和探索欲望等良好品质。

(二)不足

1. 师资不能达到要求

带混龄班的老师，在教学上要具有能把握三个年龄段幼儿的教学技能。他们除了有自身的教学经验外，还必须同时掌握集体教学活动中的提问方法。同时，因为混龄班两位老师带班有分工，承担的教学要求也是有主次之分的。此外，有的教育活动在同龄班中只需要一节活动的时间，而在混龄班中却需要几节活动的时间才能完成。如果组织得不好，还会造成部分幼儿无所事事。同时，老师还要掌握每个幼儿发展的不同水平，并能将幼儿准确恰当地分成几组。例如，有时要按年龄或能力分组进行教学，有时则是针对同一内容提出不同要求。最后，幼儿教师还要根据儿童的不同特点因人施教。如此操作难度很大，使得一般水平的教师难以胜任。

2. 容易造成幼儿能力培养的偏差

混龄教育还容易造成大年龄幼儿争强好胜的表现，从而影响小年龄儿童的发展，使他们自信心的树立受到一定影响。与此相反的现象是，混龄班老师又常常对小年龄儿童比较重视，对大年龄儿童的要求会降低，这在一定程度上影响了大年龄儿童的发展。混龄教育带给我国教育工作者，特别是学前教育界的挑战是显而易见的。

二、混龄班的管理方法

(一) 制定切实可行的层次性目标

《纲要》指出："要尊重幼儿的个体差异，因人施教，努力使每一个幼儿都能获得满足和成功。"教育要面对所有儿童，并使每一个孩子都享有平等受教育的权利和机会，确立了混龄课程的宗旨——让每个年龄层的孩子都获得最好的发展。

混龄班幼儿有大有小，每个年龄层幼儿的智力发展水平不同、生活经验各异，要使每个年龄层的孩子都能在现有水平上得到提高，必须制定有层次的目标。

大多数混龄班根据班上幼儿年龄分为大组和小组，分别提出不同目标。

1. 生活目标

(1)小年龄组

①知道牙齿的用处，养成早晚刷牙、饭后漱口的习惯。学会刷牙。

②知道眼睛的用处，不用脏手擦眼睛。

③知道鼻子、耳朵的用处，不抠鼻孔，不挖耳朵，不将异物塞入耳鼻内。

④在成人的帮助下逐步学会饭前、便后和手脏时洗手，用自己的毛巾擦手。

⑤愉快、安静地进餐，正确使用小勺，饭后擦嘴，养成口渴时喝水的习惯。

⑥安全就寝，姿势正确，在成人的帮助下，能按次序穿脱衣服、鞋袜并放在固定的地方。

⑦学会上厕所，逐步学会自理大小便，不随地大小便。

⑧知道打针、吃药能防病、治病，勇敢地接受健康检查和各种接种。

⑨不跟陌生人走，不远离成人，不摸危险物。

(2)大年龄组

①知道保护视力，看书、绘画保持正确姿势。不在光线太强、太弱的地方和阳光下看书、写字、绘画。

②知道保护牙齿的一般卫生常识，用正确的方法刷牙，知道换牙的一般常识。

③知道一些预防蛔虫等寄生虫和肠道疾病的一般常识，不吃不洁净的食物。

④知道天气变化和运动前后及时增减衣服，饭前饭后不剧烈运动。

⑤能正确、迅速地洗手、洗脸，养成早晚刷牙的习惯。

⑥进餐细嚼慢咽，不挑食，不剩饭菜，学习用筷子。进餐时保持安静，饭后收拾干净。

⑦安静就寝。独立、有次序、迅速地穿脱衣物，分清左右鞋，会系鞋带，会整理床铺。

⑧保持仪表整洁，咳嗽、打喷嚏时会捂住口鼻。

⑨保持公共场所的卫生，不爬、不踩桌椅，不乱涂墙壁。

⑩懂得交通安全，能遵守必要的交通规则。

⑪不玩危险游戏，不去危险地方，会处理可能遇见的简单危险。

2. 教学目标

(1)小年龄组

①初步学习和掌握走、跑、跳跃、平衡、投掷、钻爬、攀登等基本动作。

②初步认识周围环境中与自己生活相关的社会机构及当地的成人活动。

③初步学习运用各种感官按一定的顺序和方法观察周围的事物。在认知人、事、物时，能初步知道四季的名称和明显的特征、形状和与自己的关系。

④知道自己所在地的名称。认识国旗，知道尊重国旗。

⑤初步养成注意倾听他人说话的习惯，并能用简单的语言较清楚地表达自己的想法。

⑥经常反复看自己喜欢的图书，喜欢把听过的故事或看过的图书讲给别人听。

⑦初步学习基本的认识和表达能力。

⑧能感知和区分物体的大小、多少、高矮等量方面的特点，并能用相应的词表示。

⑨能用数词描述事物或动作。能手口一致地点数5个以内的物体，并能说出总数，能按数取物。

⑩能通过一一对应的方法比较两组物体的多少。

⑪喜欢接触大自然，对周围的很多事物和现象感兴趣。

⑫知道自己的优点和缺点。

⑬喜欢和小朋友一起游戏，喜欢与熟悉的长辈一起活动。

⑭能够按成人的要求，自觉控制自己的意愿和行为。

⑮乐意接受别人对自己的劝告，不坚持无理要求。不拿别人的东西，做错事情能承认，并愿意改正。

⑯会使用简单的礼貌用语。

⑰初步学会自己的事情自己做。

⑱爱父母、爱家庭成员、爱伙伴、尊敬老师和长辈，听成人的话。

⑲初步学习分辨是与非，愿意为同伴服务。

⑳能和同班同伴友好相处，互相帮助。

㉑适应集体生活，遵守集体规则，不烦扰别人，不打扰活动。

(2)大年龄组

①能在斜坡、荡桥和有一定间隔的物体上较平稳地行走。

②能以手脚并用的方式安全地爬攀登架、网等，能躲避他人滚过来的球或扔过来的沙包。

③掌握多种体育器材的多种玩法，掌握多样体育游戏；能连续跳绳；能连续拍球。

④认识周围环境中与人们生活相关的社会机构，认识并尊重成人的劳动。

⑤能通过观察、比较与分析，发现并描述不同种类物体的特征或某个事物前后的变化。

⑥乐于观察或参与人们的社会生活，认知各种社会机构和活动，及其与人们的关系。知道自己的民族，知道中国是一个多民族的大家庭，各民族之间要互相尊重，团结友爱。知道国家的一些重大成就，爱祖国，为自己是中国人感到自豪。

⑦能有目的地运用各种感官，按一定的顺序和方法进行观察。感知并了解季节变化的周期性，知道变化的顺序。初步了解人们的生活与自然环境的密切关系，知道尊重和珍惜生命，保护环境。

⑧在认知人、事、物时，会边观察、边思考、比较异同，排序归类，形成初步的概念。

⑨能主动积极地表达自己的认知情感。

⑩能用多种材料和形式表达活动。

⑪能发现生活中许多问题都可以用数学的方法来解决，体验解决问题的乐趣。

⑫在日常生活中对数发生兴趣，借助实际情景和操作(如合并或拿取)理解加和减的实际意义。能通过实物操作或其他方法进行10以内的加减运算。

⑬对自己和他人的所作所为能作出正确的评价。

⑭对各种自然现象和社会生活有较强的探索愿望。

⑮喜欢与他人一起谈论图书和故事的有关内容。在阅读图书和生活情境中对文字符号感兴趣，知道文字表示一定的意义。

⑯对人有礼貌，会使用礼貌用语。

⑰能大胆、独立完成成人交给的任务，不怕困难。

⑱能认真地有始有终地做自己能做好的事。

⑲爱护公物，会整理玩具和图书，学会修补图书。

⑳能用多种工具、材料或不同的表现手法表达自己的感受和想象。艺术活动中能与别人相互配合，也能独立表现。

㉑初步养成独立思考、好学好问的学习习惯。

㉒爱父母、爱家庭成员、爱伙伴、尊敬老师和长辈，听成人的话。

㉓在日常生活中，学习分辨是与非，能接受别人的批评，并注意改正自己的错误。愿意为同伴服务。关心集体，有集体荣誉感。

㉔遵守集体规则和公共秩序，爱惜劳动成果，爱护公共财物。

(二)分层进行指导，促进原有水平的提高

教师在对幼儿进行指导之前，要细心观察每个幼儿的能力水平。根据幼儿的实际能力与年龄，将幼儿编入小年龄组、大年龄组。中班年龄能力强的编入大年龄组，能

力弱的编入小年龄组。根据幼儿发展的变化，做动态调整。编组后，教师根据不同组提出原有水平上的新要求，并循序渐进的，有侧重的分层指导。促进幼儿在原有水平上的再提高。

(三)幼儿教育幼儿，发挥混龄优势

幼儿时期好模仿，而最好的模仿对象是他们的伙伴，这种作用是成人无法替代的。运用幼儿教育幼儿的原则，发挥混龄班优势一定能起到良好的效果。教师采用的方法可有以下几种。

1.“大带小”促动法

以大带小能避免现在独生子女缺少异龄同伴的缺陷，在共同活动中，年龄较大的幼儿会在不知不觉中把自己的知识、经验、技能传递给较小的幼儿。以大带小，以小促大，可以使得异龄儿童互相促进，各自得到发展。

2. 同龄互动法

同龄幼儿身心发展大体是一致的，可常组织同龄幼儿在生活活动中互比互学，以此促进同龄幼儿的共同进步。同时教师多关注能力较弱的幼儿，并给予指导。

3. 位次排列法

空间位置对幼儿间的互动作用，也有很大的影响。教师对座位、床位的排列可以有时同龄组一组，有时异龄组一组；可以是交叉排列，也可以是竖行排列，这样既考虑了同龄间的学习，也考虑了异龄间的互相促进。

(四)持之以恒，建立合理常规，培养良好习惯

常规就是幼儿必须遵守的日常生活规则，它把一日生活活动中对幼儿的要求规范化、固定化、制度化。养成良好的生活习惯，就会促进幼儿全身心的发展。要注意不要轻易打破常规，以免破坏已经形成的习惯。

(五)优化组合，课程组织形式体现多元化和灵活性

《纲要》指出：“教育活动的组织形式应根据需要合理安排，因时、因地、因内容、因材料灵活地运用。”每个年龄层的孩子对即将开展的活动内容，可能的兴趣焦点、认知区域、经验范畴和思维特点存在一定的差异，混龄课程要兼顾差异，只能遵循目标性、主体性原则，灵活采用混龄、分龄、个别的多种形式，在混龄集体活动、小组活动、生活活动及游戏中有效安排大小幼儿互动：当大小孩子对某内容都感兴趣时，该内容的学习也不需要过多地分小组操作，可以考虑混龄集体活动形式，如讲述与谈话等语言内容、社会性内容、欣赏性内容、游戏活动等；当年龄差异导致目标难于兼顾或幼儿兴趣迥然不同时，小组活动的必要性就体现出来，对于知识性较强的、需要更多互动或合作的内容就可以采用该形式，如大孩子幼小衔接时、科学实验、数学活动

等；当学习内容可以独立思考、个别操作时就提供个人学习的条件和机会，如寻找知识性资料、锻炼生活和动作技能、美工等操作性较强的内容。每一种组织形式都有自身的优点又有局限性，只有互相配合、互相弥补才能促使每个年龄层的幼儿都能在现有水平上得到提高。

本章小结

1. 在小班的管理中，入园管理和生活常规管理是重点。利用细致入微的入户指导、丰富多彩的教学活动、多元的教学环境，同时取得家长的配合，能让小班幼儿尽快从单一的家庭环境过渡到集体生活中来。值得老师们注意的是，在小班的管理中，只有让幼儿喜欢你，信任你，管理工作才能顺利开展。

2. 对中班幼儿的管理，要使幼儿从被动管理变为主动管理。将班级的规则内化为幼儿的自觉行为，通过幼儿的讨论得到他们的认可，在执行的过程中相互监督、提醒，逐渐使外在的制约变成内在的行为，并能形成习惯。

3. 大班的管理工作重心放在入学管理上。采用的方法有：规范作息时间；培养幼儿良好的学习习惯、整理习惯；培养幼儿对入学的向往之情等。可采用谈话、实践及五大领域的各类活动帮助幼儿平稳、愉快过渡。

4. 混龄班为幼儿提供了一个近似家庭的生活学习环境，贴近幼儿生活的现实社会，有利于幼儿社会化的发展。混龄教育对于我们老师的要求很高，因为在混合班中的孩子年龄不一样，势必要求老师只能实施因材施教的方法，也就是说老师必须关注每个个体，根据年龄、兴趣、能力水平等特点，用适合每个孩子的不同方法进行教育。

练习与实践

一、简答题

1. 如何克服小班幼儿的分离焦虑？

2. 中班幼儿常规管理的途径与方法有哪些？

3. 大班幼小衔接活动可从哪些方面来开展？

二、实践探索

1. 案例讨论

【案例】

还未见到人影就先听到一阵大声地哭闹声，这准是涵涵。一路上，妈妈是抱着她走来的，在教室门口，更是艰难地走过来，因为她的身体一直在扭动、反抗。当老师从妈妈怀里抱过她时，是费了九牛二虎之力才勉强抱稳，她还是一个劲地踹着小脚、挥着小手，用最大的嗓门哭喊着。

这样的现象在幼儿园小班可能会经常发生，阅读上述案例，并讨论：

(1)造成入园分离焦虑的原因是什么？

(2)你会怎样帮助涵涵减少入园的焦虑感，尽早适应集体生活？

2. 案例分析

【案例】

中班有一名幼儿，有一次摔倒在地大哭起来，老师因心情不佳，随口说了一句："你就知道哭，不会自己爬起来。"这幼儿听了老师的话哭得更厉害了，旁边的幼儿有的旁观，有的愣着，有的哈哈大笑，周围的幼儿则用手划着脸说："只知道哭，老师不喜欢你，羞羞羞。"有的大声说："爱哭，不害羞，活该。"还有的正准备压在这个幼儿身上……孩子越哭越厉害，班上乱成一锅粥。在老师大声地呵斥下，周围的孩子才没有再讥笑摔跤的幼儿，该幼儿很委屈地爬起来，怯生生地望着老师。

在幼儿园里，不论是教学活动、游戏活动还是生活活动，教师是孩子的榜样，班集体的建立教师的作用举足轻重。请仔细阅读上述案例并分析：

(1)在整个事件发展的过程中，教师的做法有哪些不妥之处？

(2)作为教师，应该如何处理？

阅读推荐

蔡伟忠. 幼儿园教师实用手册. 北京：农村读物出版社，2010.

本书教给教师们很实用的组织方法和策略，它对教师的快速成长有很好的成效和促进作用。在第一章建立孩子的常规是有效教育的基础中"如何引导中大班孩子讨论和制定常规"对班级常规管理的方法上提出了很好的建议，值得借鉴。

第六章　幼儿园班级家长工作管理

学习目标

- 了解班级家长工作意义。
- 掌握家长工作策略与方法。

关键问题

1. 家长工作的原则是什么？
2. 家长工作的内容有哪些？
3. 怎样做好家长工作？

案例 6-1

一个别墅区的小区幼儿园所属地域比较偏僻，居住区人口不多，幼儿园的生源不足。他们努力提高服务质量，在为家长、为幼儿服务方面做了一些工作。如为了方便家长接送，幼儿园购置了两台面包车，每天免费在市区交通方便的地点为家长接送幼儿；并提供灵活多样的托管方式——寄宿制、全托制、半日制、周末制；对生病不能来园的幼儿上门探望；逢幼儿生日，送上一个蛋糕等。半年后，他们的生源逐步增多，社会影响力也逐步增大。

以上案例表明，为家长和幼儿提供细致、方便的优质服务，既可以方便家长，又体现了幼儿园的品格。这些做法通过家长之口传播出去，可以取得较好的公关效果。

第一节　幼儿园家长工作的意义

《幼儿园工作规程》指出："幼儿园应主动与家长配合，帮助家长创设良好的家庭环境，向家长宣传科学保育教育幼儿的知识，共同担负幼儿教育的任务。"

家长作为幼儿园公共关系的重要因素，我们不能忽视其在幼儿园管理工作中的重要作用。家长是幼儿不容忽视的教育者，在幼儿成长和发展中起着至关重要的作用，幼儿园工作离不开家长的配合和支持，幼儿园只有与家长密切配合，把家长看成重要的教育资源，使家长工作成为幼儿园工作的重要组成部分。

一、做好家长工作，能够促进幼儿身心健康成长

家长是幼儿的第一任教师，家长影响着幼儿的生活习惯，影响幼儿对生活的态度，影响幼儿的人格发展。他们是幼儿教育的重要力量。家长参与幼儿教育，能促进幼儿身心健康及和谐发展。

幼儿与家长的血缘关系，家庭成员之间在时间与空间上密切接触，显示着家庭教育的不可替代性，家庭主要在日常生活中进行教育，可以随时随地、潜移默化地感染和影响幼儿；家庭教育是一种个别教育，是一对一进行的，对于独生幼儿甚至是几个成人对一个幼儿的教育；家庭教育更应侧重引导幼儿学习做人，培养幼儿良好的品德和行为习惯等。因此，幼儿园更应发挥家庭教育的优势，向家长宣传科学的教育方法和正确的教育观念，争取家长对幼儿园教育目标、内容、方法的支持与配合。

二、做好家长工作，能够为幼儿园教育增添活力

家长是幼儿教育的重要资源和力量，幼儿园教育要取得成效，就必须得到家长的积极配合和参与；家长的关心支持和监督也是搞好幼儿园管理，提高工作质量的促进因素；从幼儿园的社会生存和对外交流看，家长是幼儿园走向社会，获得广泛理解支持，扩大教育和服务功能以及树立园所自身良好形象，从而扩大影响力的重要中介和桥梁。

幼儿园要努力做好家长工作，争取他们的关心、支持，激发其参与幼儿园教育与管理的积极性，对幼儿园工作和保教质量的优劣作出评判，提出建设性的意见、建议。家长来自不同的家庭和职业背景，他们的积极性一旦被调动起来，将会对幼儿园教育发挥重要的作用，从而实现家园的最佳沟通与互动。

三、做好家长工作，能更有效地实现亲子互动

做好家长工作，还能有效实现亲子互动，建立和谐健康的亲子关系。对幼儿教育来讲，亲子教育是以幼儿与家长在情感沟通的基础上建立和谐亲子关系为内容，以促进幼儿身心健康，开发潜能，培养个性，以为幼儿未来可持续发展打下坚实基础为最终目的的一种新型早期教育模式。亲子关系的核心人物是父亲、母亲和幼儿。幼儿性格以及社会性的形成和发展受家庭环境的影响非常大。亲子教育倡导的核心是建立一种和谐健康的亲子关系，并且通过这种亲子关系不断提高父母自身的素质，更新父母的教育理念，从而有效地促进幼儿身心健康发展。

四、做好家长工作，能促进构建学习型家庭

构建学习型家庭要求父母做到：拿出更多的时间读书、学习和研究，不断丰富、

提高自己的文化素养。这种学习探究的精神不仅能够陶冶感染幼儿，而且能够为幼儿的成长创设一个良好的文化氛围。父母要为孩子创设游戏与探索的环境，并且参与其中，与孩子共同体验成功的快乐。父母要善于创设良好的精神环境，使幼儿沐浴在充满父爱母爱的生活里，自然地、快乐地学习，探索并获得和谐发展。

另外，幼儿在幼儿园的时间是有限的，如果家长不能配合幼儿园教育，如幼儿园要求幼儿做一些力所能及的事，而家长害怕孩子累着，而代替他做。教育的连贯性就打了折扣，那么幼儿园的教育就难以奏效。再者，家长的宣传影响着幼儿园在公众中的声誉。

第二节　幼儿园家长工作的原则和内容

一、家长工作的原则

家长工作是一项社会实践活动，必须遵循以下原则。

(一)实事求是原则

实事求是原则指幼儿园在开展家长工作时，输入、输出信息必须做到真实、全面、公正。

幼儿园作为幼儿教育的机构，肩负着培育后代，造福人类的重任，更要注意坚持公共关系的真实性，如实向社会、向家长、向幼儿传达信息，树立良好的职业道德，这样，才能取信于社会，取信于家长。

案例 6-2

一家在当地知名度很高的幼儿园接到一个家长的投诉，说中一班的教师骂他的孩子是“猪脑子”。园长在了解了情况，证实家长所反映的情况属实之后，亲自带着这位教师上门向家长和幼儿赔礼。并召开专题家长会，请家长就幼儿园服务意识与服务质量等问题提出意见与建议，在幼儿园教职工中开展幼儿教师职业道德与教师言行规范教育活动，并借助本园的知名度向全市幼儿教师发出“树形象，净言行，美心灵”的活动倡议。并将以上活动请当地电视台与日报社作专题报道。

评析：这件事情发生后，幼儿园的处理看似有些小题大做，感觉没有必要。但正是由于幼儿园敢于向家长、向公众暴露自己的不足，敢于承认错误、改正错误，用真诚打动家长和社会，才挽回了不良影响，更为可贵的是，该园以此事为教育契机，将坏事变为好事，向广大幼教工作者提出警醒，起到了良好的教育作用，更加得到家长和社会的信任。

(二)持之以恒原则

幼儿园的家长工作不是一朝一夕的事，要做到经常化、日常化，养成与家长随时沟通、及时互助的习惯。幼儿园的家长工作不能只是因偶然事故而相互求助的行为，应注意利用一切便利条件，相互联络，随时沟通，双方都应互报幼儿的真实情况，及时调整各自的教育对策。

(三)真情沟通原则

与家长打交道，以真情换真心是开展工作的基本原则，人是有感情的动物，在与家长沟通的过程中，一定要注意以诚相待，做到公平、合作、敢于负责任，用真诚与情感打动对方，才能使对方产生信赖感。

(四)全员工作原则

全员工作原则指全体员工都要树立家长工作观念，关注并参与家长工作。树立形象，培养家长工作意识更是每个幼儿园教职工的职责，每个教职工都要注意自己的言行，对幼儿和家长负责，建立良好的公关状态，以维护幼儿园的利益。

案例 6-3

一名家长带着 3 岁的儿子，到一所幼儿园实地考察，准备为孩子联系入托的事。在园长的陪同下，他们进入小班，看到幼儿园的孩子们正在开心地玩游戏，小男孩也不由自主地参与其中，园长和老师向家长介绍幼儿园情况。突然，小男孩大声哭起来，保育员连忙上前，看到男孩脚下湿了一片，原来男孩尿裤子了。保育员马上抱起男孩，找来一套干净的园服，先帮他清洗干净，再帮他换上裤子。小男孩又若无其事地和其他小朋友一起玩去了。保育员再将尿湿的裤子洗干净，交还给家长。

这名家长随后就给儿子办了入园手续。

评析： 家长工作要落实在实际行为上，幼儿园每一名员工的每一个举动、一句话，都是家长工作的内容。这位家长正因为看到园长的热情、教师的接待和保育员的敬业，便选择了这所幼儿园。

二、幼儿园家长工作的内容

通常幼儿园开展家长工作局限在建立家园联系簿，召开家长会，向家长进行开放活动等。这些远远不够，还需要做以下的工作。

(一)向家长宣传幼儿园的发展规划、教育目标

发展规划和教育目标具有激励作用，让家长了解幼儿园的发展规划和教育目标，有利于家长对幼儿园整体发展的完整了解，理解幼儿园工作的具体做法，赢得他们的协助和合作。

同时，教师也应该向家长介绍幼儿园教育的原则、方法、形式，介绍幼儿学习、成长的身心发展特点、争取家长的支持和配合，共同教育好幼儿。

(二)主动了解幼儿家庭教育情况，指导家庭教育

幼儿园应主动承担指导家长开展家庭教育，了解家长对子女教育的态度、内容和方法以及家长的文化水平，了解幼儿的健康状况、心理发展水平、生活习惯、兴趣爱好及在家的表现。有针对性地宣传科学育儿知识，引导家长树立正确的儿童观、教育观，向他们提出具体的教育建议，使家长教育与幼儿园教育趋于一致，实现同步教育。

(三)发挥幼儿园的社会功能，为家长服务

幼儿园兼有教育性和社会福利性、公益性特点，为家长服务是幼儿园的双重任务之一，不得以营利为唯一目的，而应增强“顾客第一”的意识，要通过增强服务意识来提高生存与发展的质量。幼儿园应在教育好幼儿的前提下，尽可能方便家长，了解家长的需要和困难，采取相应的措施帮助解决，搞好服务。这样，既传递着幼儿园的办园理念、精神文明，也有利于幼儿园自身形象的塑造。

(四)争取家长的支持，树立公众中的良好口碑

幼儿园要争取家长对工作的配合、支持与参与，协助园内的教育和管理，要注意征求家长的意见和建议，努力改进工作，提高保教质量，实现教育目标。

家长既是幼儿园的内部公众，又是幼儿园的外部公众。因此，幼儿园要注意通过家长工作，有效地利用这股庞大的社会力量，并通过他们影响其他公众，争取全社会都来关心幼儿园的工作，帮助解决幼儿园面临的困难与问题，改善办园条件，使幼儿园在社会各界的支持下，得到健康发展。

第三节　幼儿园家长工作的途径、方法与管理指导

一、家长工作的途径、方法

开展家长工作可采取个别联系和集体联系两种方式。个别联系便于深入细致地了解幼儿各类情况，针对性强，容易与家长形成情感沟通。集体联系便于系统地向家长宣传幼儿教育的有关知识。这两种方式可根据不同的情况和要求交替使用。具体方法是：口头交谈、书面宣传与交流、会议制度、活动展示与活动参与、家长学校。

(一)口头交谈

1. 家访

家访包括经常性访问和临时性访问两类。经常性访问，指有目的、有计划地对全体幼儿家庭进行的周期性的访问。临时性访问，指为了解决突发事件进行的家庭访问。

家访的注意事项有以下四点。

①访问前要与家长预约，选择家长方便的时间，过早、过晚、吃饭前后的时间都不宜访问。

②访问时态度要热情诚恳，语言要客观实在，要认真倾听家长的想法与要求，要体现出对幼儿的关心和对家长的尊重。

③访问时间不宜过长，如果是向家长提出要求，要简单明了，便于家长答复。

④访问前要预定目标，访问后要详细记录，但不要当着家长的面进行记录，以免影响家长如实反映情况。

2. 谈话

利用家长接送幼儿的时间与家长进行交流，了解幼儿在家生活、学习、健康情况，并向家长简短汇报幼儿在园的主要情况，及时交换意见。

3. 电话联系

如果不方便家访或无法与家长面对面交流，可用电话联系的方式进行。

(二)书面宣传与交流

书面宣传与交流包括专栏、家园联系手册、通信方式、问卷调查等。

专栏的内容要丰富、简短，包括对幼儿教育知识的介绍、通知、及家庭教育的经验交流等。

家园联系手册在幼儿园用得较多，教师每周末都会把要联系的内容及要求填写在联系手册上交给家长，下周一来园时，家长再把反馈的情况和意见写在联系手册上，及时交流信息。

对待特殊情况，也可用书信的方式进行交流。

为征求家长意见，得到科学、客观的依据，可采用问卷调查的形式，一般能得到真实、客观的答案。

建立家长信箱，也是收集家长意见、改进工作的好方法。

(三)会议制度

包括全园性家长大会、班级家长会、部分家长会、家长代表会(委员会)。

全园性家长大会一般半年召开一次，可在学期结束时召开，由园长主持。主要任务是使家长了解幼儿园的工作情况与计划，也可向家长宣传科学育儿的知识，介绍、推广幼儿园的教育成果等。

班级家长会由各班保教人员主持。主要任务是向家长系统介绍本班工作，幼儿在园的具体学习、生活、健康情况，并听取家长意见。

家长代表会(委员会)由家长推选代表5～7人组成。主要任务是在家长与幼儿园之间起联系作用，反映家长的意见与要求，帮助传达幼儿园对家长的要求，加强家长之间的联系，发挥家长的教育资源作用，监督、检查、参与幼儿园管理，并动员和组织家长帮助幼儿园解决一些实际困难等。

(四)活动展示与活动参与

幼儿园可以利用节日开展一些活动，或组织教育活动、生活活动等请家长观看，一来可以了解自己孩子在活动中的表现，二来可以进一步了解幼儿园的工作。幼儿园可以统一开放，也可以随时开放。开放活动不是搞形式，不是单纯的表演活动，而是要让家长了解真实的幼儿园。

另外，幼儿园还可以开展一些让家长参与的活动，如“亲子游戏”、让家长与幼儿共同玩游戏，增进亲子感情；请家长充当教师、助理教师甚至保育员，让家长参与园内的教育活动；还可以请家长发挥自己的专业特长，帮助幼儿园做相应的工作，如维修设备、制作教具、摄影等。

(五)家长学校

幼儿园的家长来自不同地区、不同职业，他们所受的教育背景、程度各不相同，在对待幼儿的态度、方法、观念上更是千差万别。家长学校就是要系统地向家长传授科学的育儿知识，咨询家庭教育中存在的问题，帮助他们树立正确的儿童观、教育观，也可以组织就共同关心的问题进行交流研讨。家长学校不仅要面对在园的幼儿家长，而且要扩大到社区内的幼儿家长。

二、幼儿园家长工作的管理与指导

(一)思想上重视

家长工作是幼儿园工作的重要组成部分。幼儿园必须认识到：幼儿园教育的成功与否，在很大程度上取决于幼儿园与家庭的联系，取决于家庭能否与幼儿园配合共同承担起教育幼儿的责任。因此，幼儿园只有从思想上、组织上高度重视家长工作，从园长到教师，都要把家长工作看成是幼儿园管理及教育工作的重要因素，幼儿园教育才能见成效。

(二)纳入日常工作计划

要加强家长工作的计划性，园长要把家长工作列入全园工作计划中，教师要把家长工作列入学期工作计划中，家长工作要有目标、措施和要求，要在园计划的月安排、班级计划的月安排中体现出来。并且，要针对家长工作的薄弱环节，提出思路与设想，解决家长工作中的困难和问题。

(三)实行指标化管理

为了避免家长工作的形式主义，幼儿园对教师的家长工作要提出明确的指标，如对班级的每个幼儿必须进行家访，每学期组织家长活动的次数等。

(四)建立监督机制

幼儿园要建立健全监督机制，对教师开展的家长工作进行定期与不定期、定指标与不定指标相结合的记录与检查，还可以由家长委员会出面，进行监督与落实。总之，应建立激励机制与处罚机制，这样，才能提高家长工作的效能。

资料链接 6-1①

家长工作程序化

(某幼儿园的家长工作)

1. 园级家长工作

(1)家长学校——专家指导，定期授课。

向家长公布课程、教学内容、时间、地点等。

(2)家长接待日——每周五，园长接待家长，听取意见。

(3)家园同乐活动——每学期一次家园同乐会、游园会。

2. 各年龄段的家长工作

(1)定期召开家长代表会。

(2)每月的15日为家长开放日。

3. 班级家长工作

(1)入园前家访及初期家长会。

(2)一日活动中的家长工作——利用晨间接待与家长沟通，每日15：30至17：30向家长开放阅览室。

(4)一周活动中的家长工作——家长联系册。

(5)一月活动中的家长工作——月初确定本月主题，月末向家长发放“幼儿在园综合评价表”。

本章小结

1. 家长既是幼儿园的服务对象，又是幼儿园教育的合作者和幼儿园的首要公众。幼儿园家长工作对于实现教育目标、教育好幼儿和办好幼儿园都十分重要。幼儿园、幼儿园班级都应该重视家长工作。

2. 幼儿园家长工作的内容：①向家长宣传幼儿园的发展规划、教育目标。②主动了解幼儿家庭教育情况，指导家庭教育。③发挥幼儿园的社会功能，为家长服务。④争取家长的支持，树立公众中的良好口碑。

3. 如何做好家长工作，应做到如下几点：①密切双方的联系，加强沟通，积极宣传指导。具体方法是口头交谈、书面宣传与交流、会议制度、活动展示与活动参与、家长学校等。②为家长提供有效服务。幼儿园应结合自身条件尽力发挥内部潜力，为家长提供有效的服务。③争取家长的配合支持。幼儿园要鼓励动员家长积极参与幼儿园的教育和管理工作。家长也应主动参加幼儿园组织的各项活动。

① 资料来源：中国学前网 www.06edu.net

一、简答题

1. 简述幼儿园班级家长工作的内容。

2. 幼儿园班级家长工作的途径和方法有哪些?

二、实践探索

在实习期间，利用家长接送幼儿的时间与家长进行交流，了解幼儿在家生活、学习、健康等情况，并向家长简短汇报幼儿在园的主要情况。要求制定交流计划并做记录。

齐放，王萍．家长工作与幼儿成长．吉林：东北师范大学出版社，2010.

该书以家长工作与幼儿成长为主线，从理论阐述到案例学习，具有较强的知识性和实践指导性.

参考文献

[1]张燕. 学前教育管理学[M]. 北京：北京师范大学出版社，2009.
[2]李承武. 现代教育学[M]. 重庆：西南师范大学出版社，1997.
[3]唐淑，虞永平. 幼儿园班级管理 [M]. 南京：南京师范大学出版社，1997.
[4]张燕. 幼儿园管理[M]. 北京：北京师范大学出版社，2001.
[5]孙小金. 幼儿园安全管理与纠纷防范处理全书[M]. 吉林：吉林音像出版社，2004.
[6]邢利娅. 幼儿园管理[M]. 北京：高等教育出版社，2010.
[7]王普华. 幼儿园管理[M]. 北京：高等教育出版社，2010.
[8]唐淑，虞永平. 幼儿园班级管理[M]. 南京：南京师范大学出版社，2009.
[9]菲利斯·M·科里克(Phyllis M. Click). 托幼机构管理[M]. 北京：北京师范大学出版社，2007.
[10]华纳(Laverne Warner)，林奇(Sharon Anne Lynch). 幼儿园班级管理技巧150[M]. 曹宇，译. 北京：中国轻工业出版社，2011.
[11]顾荣芳. 从新手到专家——幼儿教师专业成长研究[M]. 北京：北京师范大学出版社，2007.
[12]徐明. 谈谈学前教育怎样更好地为儿童入学做准备[J]. 学前教育，1992(11)：15～16.
[13]郭齐家. 中国教育思想史[M]. 北京：教育科学出版社，1987.
[14]叶澜. 新编教育学教程[M]. 上海：华东师范大学出版社，1991.
[15]劳凯声. 教育学[M]. 上海：南开大学出版社，2001.
[16]黄人颂. 学前教育学[M]. 北京：人民教育出版社，1989.
[17]李生兰. 比较学前教育[M]. 上海：华东师范大学出版社，2000.
[18]幼小衔接指导小组. 在日内瓦和伦敦看幼小衔接[J]. 早期教育，1991(11)：5～77.
[19]丛中笑. 幼儿园管理[M]. 北京：中国劳动社会保障出版社，2000.
[20]张燕，邢利娅. 幼儿园管理案例及评析[M]. 北京：北京师范大学出版社，2002.

后　记

这套全国统编学前教师教育教材包括三年制高专、五年制高专、三年制中专、幼儿园教师培训4个系列，是由中国学前教育研究会教师发展专委会高职高专、中职中专分委会组织编写的。从2010年开始，历时3年。作者队伍来源于全国近60所学前师范本科和高中专院校；主审专家来源于26所本科院校和科研院所。全套教材编写设立编写指导委员会，分系列设立编委会。

为确保教材的科学性、先进性和时代性，全体编写人员认真学习了教育部颁布《教师教育课程标准（试行）》、《幼儿园教师专业标准（试行）》等文件精神，充分吸纳了学前教育和其他相关学科的最新成果，严格按照“研制人才培养方案→确定册本→研制大纲→确定体例和样章→讨论初稿→统稿→审稿”的程序进行，进行了深入而艰苦的探索。比如，坚持从研究和把握人才培养方案入手，对各系列的册本方案、各册本的大纲进行系统设计。严格按照人才培养目标要求，对文化、艺术、教育三类课程时量进行了科学安排：三年制高专系列约为2.6∶3∶4.4；五年制高专系列约为4.5∶2.5∶3；三年制中专系列约为2.4∶2.4∶5.2。根据学前教育科学发展的新成果，分化和加强教育类课程，如幼儿心理学中分化出了幼儿学习与发展、幼儿发展观察与评价，幼儿教育学中分化出了幼儿游戏、幼儿园课程、幼儿园教育环境创设等。

此套教材中的三年制中专系列共有36种43册，包括由语文出版社出版的《语文基础》（四册）、《幼儿教师口语基础》、《应用文写作》，北京师范大学出版社出版的《幼儿文学赏析与创编》、《书法》、《英语基础》（两册）、《幼儿园教师礼仪》、《社会科学》、《自然科学》、《幼儿心理学基础》、《幼儿卫生保健》、《幼儿发展观察》、《幼儿教育学基础》、《幼儿游戏指导》、《幼儿园课程与教学》、《幼儿健康活动指导》、《幼儿语言活动指导》、《幼儿社会活动指导》、《幼儿科学活动指导》、《幼儿数学活动指导》、《幼儿音乐活动指导》、《幼儿美术活动指导》、《幼师生职业指导》、《幼儿园班级管理》，高等教育出版社出版的《幼儿美术创作与赏析》、《美术》，上海音乐学院出版社出版的《音乐基础理论》、《视唱练耳》（两册）、《音乐欣赏》、《儿童歌曲钢琴即兴伴奏》、《幼儿歌曲弹唱》、《幼儿歌曲创编与赏析》、《幼儿舞蹈创编与赏析》、《钢琴》（三册）、《声乐》、《舞蹈》。

这本《幼儿园班级管理》，全一册，由贵阳幼儿师范高等专科学校的王劲松老师担任主编，华中师范大学的蔡迎旗教授担任主审，昆明学院高春玲老师担任副主编。具体编写分工如下：第一章第一、第二、第四节由昆明学院高春玲编写，第一章第三节由昆明学院唐敏编写，第二章、第三章由贵阳幼儿师范高等专科学校王劲松编写，第四章、第六章由江门幼儿师范学校董向红编写，第五章由贵阳幼儿师范高等专科学校谢俊毓编写。

本套教材如有印制质量问题和供书错漏，请与相关出版社联系解决。为进一步加强对这套教材的建设，我们热忱欢迎广大师生和专家向我们反馈相关意见(意见收集邮箱为：gzzfwh@163.com，联系电话：0731-84036163)，接下来我们将定期组织修订，以使其不断完善。

中国学前教育研究会教师发展专业委员会
高职高专、中职中专分委会